Dr. H. J. Reber · Der Werkvertrag im Baugewerbe

Dr. H. J. Reber

Der Werkvertrag im Baugewerbe

Eine Wegleitung für Hausbesitzer, Handwerker und Architekten

Schweizerischer Hauseigentümerverband

ISBN 3 906363 15 5

© Schweizerischer Hauseigentümerverband
2., überarbeitete und erweiterte Auflage
Zürich, 1995
Satz und Druck: Zollikofer AG, St.Gallen

Inhaltsverzeichnis

Literaturhinweise

BECKER, Hermann J.: Berner Kommentar zum Schweizerischen Zivilgesetzbuch Bd. VI, Obligationenrecht, 1. und 2. Abt. Bern 1941 und 1934 (Kommentar zu Art. 1–183 und 184–551 OR)

BÜRGI, Wolfhart: Der Werkvertrag, Schweizerische Juristische Kartothek, Karten Nrn. 623, 624 und 625, Genf 1942

CASTELBERG, VON, Viktor: Die rechtliche Bedeutung des Kostenansatzes beim Werkvertrag nach OR, Freiburger Diss. 1917

GAUCH, Peter: Das Architektenrecht, Freiburg (Schweiz) 1986 (neue Auflage in Vorbereitung)

GAUCH, Peter: Der Werkvertrag, 3. Auflage, Zürich 1985

GAUCH, Peter / AEPLI, Viktor / CASANOVA Hugo: Schweizerisches Obligationenrecht. Besonderer Teil (184–1186), Rechtsprechung des Bundesgerichtes, 3. Auflage, Zürich 1993

GAUCH, Peter, und Bearbeiter: Kommentar zur SIA Norm 118, Art. 38–156, Zürich 1992

GAUCH, Peter: Kommentar zur SIA Norm 118, Art. 157–190, Zürich 1991

GAUTSCHI, Georg: Berner Kommentar, Obligationenrecht, 2. Abt.: Die einzelnen Vertragsverhältnisse; 3. Teilband: Der Werkvertrag. Bern 1967, unveränderter Nachdruck Bern 1971

GAUTSCHI, Georg: Berner Kommentar, Obligationenrecht, 2. Abt.: Die einzelnen Vertragsverhältnisse; 4. Teilband: Der einfache Auftrag. Art. 294–406. Bern 1960

GUHL, Theo: Das Schweizerische Obligationenrecht, 8. Auflage, Zürich 1991

HESS, Markus: Der Architekten- und Ingenieurvertrag, Dietikon 1986

HOMBERGER, Arthur, MARTI, Hans: Die Grundpfandverschreibung III, Bauhandwerkerpfandrecht, Schweizerische Juristische Kartothek, Karte Nr. 638, Genf 1942

HONSELL, Heinrich: Kommentar zum Schweizerischen Privatrecht, Der Werkvertrag, S. 1793–1922, Basel 1994

KOLLER, Jo: Der Untergang des Werkes nach Art. 376 OR, Diss. Freiburg (Schweiz) 1983

KREIS, Henri: Der Architektenvertrag, Diss. Zürich 1938

LEEMANN, Hans: Kommentar zum Schweizerischen Zivilgesetzbuch, Sachenrecht, II. Abteilung, Art. 730–718, Bern 1925

LUTZ, Oskar: Hilfsmittel für die Baupraxis, Schweizerische Juristen-Zeitung, Bd. 37, S. 379 ff.

MOSIMANN, Rudolf: Der Generalunternehmervertrag im Baugewerbe, Diss. Zürich 1972

OSER / SCHÖNENBERGER: Zürcher Kommentar zum Schweizerischen Zivilgesetzbuch, Bd. V, Obligationenrecht, Teil 1–3, Zürich 1929, 1936, 1945 (Kommentar zu Art. 1–183, 184–418 und 419–529 OR)

WERNER / PASTOR: Der Bauprozess. 4. Auflage, Düsseldorf 1983

PEDRAZZINI, Franco: Der Werkvertrag, in: Schweizerisches Privatrecht, Obligationenrecht, Siebenter Band, 1. Halbbd. Basel und Stuttgart 1977, S. 497 ff.

PEDRAZZINI, Franco: Terminologie zum Baurecht, Freiburg (Schweiz) 1991

RAMSEYER, Erwin: Baugläubigerpfandrecht, Baukredit und Treuhänder, Berner Diss. 1924

REBER, Hans J.: Haftung mehrerer für Baumängel, BR 1981/3, S. 43 ff.

REBER, Hans J.: Die Rechtsprechung des Bundesgerichtes zum Architektenvertrag, Schweizerische Bauzeitung 1987, S. 440 ff.

REBER, Hans J.: Rechtshandbuch für Bauunternehmer, Bauherr, Architekt und Bauingenieur, 4. Auflage, Dietikon 1983

SCHLATTER, Hermann: Die Haftung des Unternehmers im Werkvertrag, insbesondere für Werkmängel, nach schweizerischem Recht, Berner Diss. 1934

SCHLÄFLI, Hans A.: Die Sicherstellung gefährdeter Beweise nach schweizerischem Zivilrecht, Diss. Zürich 1947

SCHUMACHER, Rainer: Das Bauhandwerkerpfandrecht, 2. Auflage, Zürich 1982

TAUSKY, Robert: Rechtsnatur der Verträge über Planung von Bauwerken, Zürich 1991

TUOR / SCHNYDER / SCHMID: Das Schweizerische Zivilgesetzbuch, 11. Auflage, Zürich 1995

VANOLI, Italo: Die ausserordentlichen Umstände im Bauvertragsverhältnis, Berner Diss. 1945

ZEHNDER, Hannes: Die Haftung des Architekten für die Überschreitung seines Kostenvoranschlages, 2. Auflage, Freiburg (Schweiz) 1994

ZOBL, Dieter: Das Bauhandwerkerpfandrecht, Basel 1982

Verzeichnis der Abkürzungen

BJM	Basler Juristische Mitteilungen
BR	Mitteilungen Seminar für Schweizerisches Baurecht (Freiburg 1979 ff.)
BGE	Amtliche Sammlung der Entscheidungen des Bundesgerichtes
HE	Schweizer Blätter für Handelsrechtliche Entscheidungen, Zürich
Maximen	Entscheidungen des Obergerichtes des Kantons Luzern und der Anwaltskammer, Maximen
OR	BG über das Obligationenrecht vom 30. März 1911/1918. Dezember 1936
Pra	Die Praxis des Schweizerischen Bundesgerichtes (Basel 1912 ff.)
SchKG	BG betreffend Schuldbetreibung und Konkurs vom 11. April 1889 / 28. September 1949 (Schuldbetreibungs- und Konkursgesetz)
SIA Ordnung 102	Ordnung für Leistungen und Honorare der Architekten, Ausgabe 1984
SIA Norm 118	Allgemeine Bedingungen für Bauarbeiten, herausgegeben vom SIA, Ausgabe 1977/1991
SJZ	Schweizerische Juristenzeitung (Zürich 1904 ff.)
ZBJV	Zeitschrift des Bernischen Juristenvereins (Bern 1865 ff.)
ZGB	Schweizerisches Zivilgesetzbuch vom 10. Dezember 1907
ZPO	Zivilprozessordnung
ZR	Blätter für Zürcherische Rechtsprechung (Zürich 1902 ff.)

Vorwort zur 2. Auflage

Das vorliegende Buch von Dr. H.J. Reber «Der Werkvertrag im Baugewerbe» erscheint in 2. Auflage. Da die gesetzlichen Bestimmungen
über den Werkvertrag seit rund 100 Jahren dieselben geblieben sind
und eine baldige Revision nicht geplant ist, konnte der Text der 1. Auflage, was die *Kommentierung der einzelnen Gesetzesartikel* betraf,
weitgehend in der alten Form belassen werden. Neu redigiert und wesentlich erweitert wurde das Literaturverzeichnis. Bearbeitet und ein-
geflochten wurde sodann die einschlägige Rechtsprechung des Schweizerischen Bundesgerichts, ergangen in den Jahren 1963 bis 1994, ferner wegweisende neue Urteile kantonaler Gerichte. In der ersten
Auflage ist verschiedenenorts auf die Artikel der SIA Norm 118, Ausgabe 1948, hingewiesen worden. Diese Norm ist durch ein neues, sehr
umfangreiches Regelwerk, nämlich die SIA Norm 118, Ausgabe
1977/1991, ersetzt worden. Sie findet vor allem bei grösseren Bauvorhaben Anwendung, vorausgesetzt, dass Bauherr und Unternehmer sie
als integrierenden Vertragsbestandteil bezeichnen. Überall dort, wo in
der 1. Auflage die SIA Norm 118, Ausgabe 1948, Erwähnung fand, sind
die betreffenden Stellen durch den Text der neuen Norm 118, Ausgabe
1977/1991, ersetzt worden.

Dr. H.J. Reber hat bereits vor rund 30 Jahren in unserem Verbandsor-
gan eine längere Abhandlung zum Thema «Werkvertrag im Baugewerbe» geschrieben. 1963 erschien ein Separatdruck hiervon, die 1. Auflage «Der Werkvertrag im Baugewerbe». Auch das 1993 erschienene
Vertragsformular «Bauvertrag» verdanken wir zur Hauptsache Dr.
H.J. Reber. Wir sind ihm sehr dankbar, dass er es unternommen hat,
für unsere Mitglieder eine zweite, ergänzte und aktualisierte Auflage
seines Buches zu erarbeiten. Auch dieses Werk ist wie bereits die 1. Auflage eine leichtverständliche, auf das wesentliche ausgerichtete Wegleitung. Zusammen mit dem SHEV-Vertragsformular «Bauvertrag» ist
dieses Buch ein ausgezeichnetes Hilfsmittel und Werkzeug für alle
Hauseigentümer, die bauen, umbauen oder renovieren wollen. Wir
sind Dr. H.J. Reber, einem ausgewiesenen und angesehenen Baujuri-
sten, zu grossem Dank verpflichtet, dass er unseren bald 200000 Mit-

gliedern sein reiches Fachwissen auf diese Art und Weise leicht zugänglich gemacht hat.

Dr. Hans Feldmann
Präsident des Schweizerischen Hauseigentümerverbandes

Das Anliegen des Verfassers

Vorliegende Abhandlung, die seinerzeit auf Anregung des Zentralvorstandes des Schweizerischen Hauseigentümerverbandes entstanden ist, möchte auf knappem Raum über die gesetzlichen Bestimmungen, die den Werkvertrag regeln, und die sich darauf gründende Usanz und Rechtsprechung orientieren. Sie wendet sich zunächst an die Hauseigentümer, die periodisch in die Lage kommen, Bauaufträge zu vergeben, und wissen möchten, welches ihre Rechte und Pflichten als Besteller sind. Sodann wollen die Ausführungen, die bewusst auf theoretische Erörterungen verzichten, eine Wegleitung sein für Bauhandwerker und Architekten, die sozusagen täglich in ihrer Berufsarbeit mit dem Werkvertragsrecht in Berührung kommen.

Meinungsverschiedenheiten zwischen Besteller und Unternehmer treten besonders in Zeiten der Überbeschäftigung immer wieder auf. Wenn irgendwo, so ist es aber gerade hier am Platz, den auf alter Erfahrung beruhenden Satz zu beherzigen, wonach der *magere Vergleich dem fetten Prozess* vorzuziehen ist; denn einmal liegt es in der Natur der Dinge, dass die gerichtliche Austragung von Streitigkeiten, die Bausachen betreffen, meist recht zeitraubend und umständlich ist. Des weitern sind die Prozessauslagen beträchtlich, erweist es sich doch oft als unumgänglich, Augenscheine abzuhalten, Experten beizuziehen, kurz, ein umfangreiches Beweisverfahren durchzuführen. Wenn geringfügige Beträge strittig sind, steht der Aufwand in keinem vernünftigen Verhältnis zum Streitwert. Schliesslich ist daran zu erinnern, dass neben rechtlichen auch fachliche Fragen zu entscheiden sind. Da der Richter in den wenigsten Fällen über die nötigen Spezialkenntnisse verfügt und so der Meinung des beigezogenen Experten entscheidendes, oft übermässiges Gewicht zukommt, kann das Prozessergebnis selten mit Sicherheit vorausgesagt werden.

Erheblicher Zeitaufwand, bedeutende Kosten und nicht einfach abschätzbare Prozessrisiken lassen es deshalb angezeigt erscheinen, den streitenden Parteien zu empfehlen, alle Möglichkeiten einer aussergerichtlichen Verständigung objektiv und sorgfältig zu prüfen und erst nach reiflicher Überlegung ihre Sache vor den Richter zu tragen.

Die zahlreichen in den Text eingeflochtenen, auszugsweise wieder-
gegebenen *Gerichtsentscheide* dienen nicht nur der Veranschaulichung
der dargestellten gesetzlichen Vorschriften, sie wollen darüber hinaus
dem Ratsuchenden helfen, den ihn beschäftigenden eigenen Fall anhand konkreter Beispiele zu beurteilen.

Die bundesgerichtliche Rechtsprechung ist bis zum Jahre 1994
nachgeführt. Dabei darf festgestellt werden, dass sich die Lehre wie
aber auch die Gerichte aller Instanzen immer wieder auf Präjudizien
berufen, die vor Jahrzehnten, ja sogar um die Jahrhundertwende ergangen sind.

I. Vom Wesen des Werkvertrages und von seiner Abgrenzung zu andern Vertragsarten

1. Der Begriff des Werkvertrages

Der Werkvertrag gehört zur Gruppe der Vereinbarungen auf Arbeitsleistungen, denen die *Erbringung von Diensten* oder *Arbeit* im Interesse eines Gläubigers (Dienstherr, Besteller, Auftraggeber) gemeinsam ist. Seine gesetzliche Regelung hat der Werkvertrag in den Art. 363 bis 379 des Schweizerischen Obligationenrechtes gefunden, nach dem Abschnitt über den Dienstvertrag und vor dem Verlagsvertrag und Auftrag. Das Gesetz selbst definiert den *Begriff* und erklärt in Art. 363 etwas summarisch:

> *Durch den Werkvertrag verpflichtet sich der Unternehmer zur Herstellung eines Werkes und der Besteller zur Leistung einer Vergütung.*

Vertragspartei ist somit auf der einen Seite der *Unternehmer*, der die *Herstellung* eines Werkes zusagt; auf der andern Seite der *Besteller*, der gehalten ist, eine *Vergütung* zu leisten. Unter einem Werk ist ein bestimmtes *Arbeitsresultat* zu verstehen, das etwas Neues gegenüber etwas bereits Vorhandenem darstellt und sowohl eine *körperliche* als auch eine *unkörperliche* Sache sein kann. Als Beispiele *körperlicher Werke* seien genannt: Bauten und Umbauten; Ausbesserung, Reinigung oder Abbruch von Gebäuden, Fassadenrenovationen. *Unkörperliche Werke* sind: Baupläne, Skizzen, Kostenvoranschläge, Wandbemalungen, Fresken, ferner, nach bundesgerichtlicher Rechtsprechung: die Heizung von Wohnräumen (BGE 47 II 318), die elektrische Energie, welche nach dem Vertragswillen der Parteien zum Zwecke der Beleuchtung von Gebäuden geliefert wird (BGE 48 II 371), *Projektierungsarbeiten* für das vom Bauherrn bestellte Bauwerk (BGE 114 II 54 ff.), ein *Geometervertrag*, bei dem ein Grundstück zu vermessen ist und die Ergebnisse in einem Plan festzuhalten sind (BGE 109 II 38), *Erstellung eines Lehrgerüstes* für den Bau einer Betonbrücke (113 II 266), die *Kranmontage* (BGE 111 II 171).

Die Schaffung eines Kunstwerks (Ausführung eines Mosaiks auf einer Gebäudewand eines Schulhauses) ist ein Werk, und das urteilende Gericht hat im Falle des Verzugs des beauftragten Künstlers Werkvertragsrecht anzuwenden (BGE 115 II 50 ff. mit zahlreichen Hinweisen auf die Rechtsprechung und die einschlägige Doktrin).

Grösse, Umfang und wirtschaftliche Bedeutung des herzustellenden Gutes spielen keine Rolle, ebensowenig das Mass der aufzuwendenden Arbeit. Entscheidend ist dagegen immer, dass die verfertigte Sache ein *durch Arbeit erreichtes Ergebnis* darstellt.

Ein weiteres wesentliches Merkmal des Werkvertrages ist seine *Entgeltlichkeit,* und zwar gleichgültig, ob sie durch die Parteien *ausdrücklich* vereinbart wurde oder sich aus den Umständen ergibt. Der Werklohn wird ordentlicherweise in *Geld* bestehen. Der Unternehmer kann sich die ihm zukommende Entschädigung aber auch in anderer Form ausbedingen, z.B. in Sachwerten. Denkbar ist, dass die Parteien einen Werkvertrag im Rahmen eines Tauschgeschäftes abwickeln.

Eine *besondere Form* sieht das Gesetz für den Werkvertrag sowenig vor wie für den Dienstvertrag, den Auftrag oder den Kauf. Nach allgemeinen obligationenrechtlichen Bestimmungen kann er deshalb rechtswirksam *mündlich, schriftlich* oder *stillschweigend* abgeschlossen werden. Bei Abmachungen von einer gewissen Tragweite werden die Parteien freilich guttun, ihre Rechte und Pflichten schriftlich festzuhalten. Meistens geht einer solchen Vereinbarung die Aufstellung eines Kostenvoranschlages (Devis, Offerte) voraus, über dessen rechtliche Bedeutung später Näheres ausgeführt werden wird. Möglich ist eine Vermischung der drei Formen, und zwar dadurch, dass eine schriftlich getroffene Abmachung im Laufe der Durchführung des Werkvertrages mündliche Ergänzungen oder Abänderungen erfährt, deren Annahme durch den Unternehmer sich z.B. daraus ergeben kann, dass er das Werk gemäss diesen Weisungen ausführt. Mündliche Zusatzvereinbarungen oder Änderungen gemäss stillschweigender Übereinkunft (der Unternehmer trifft z.B. von sich aus Änderungen, die der Besteller stillschweigend hinnimmt) bergen indessen immer den Kern späterer Differenzen in sich. Es lohnt sich, alles, was nachträglich vereinbart wird, schriftlich festzuhalten.

Eine Fuhrhalterei übernahm laut schriftlicher Abmachung den Abtransport von 4000–5000 m³ Aushubmaterial zum Preis von Fr. 1.80/m³. Nach Beginn der Arbeit stellte sich heraus, dass mehr abzuführen war, als dies die Parteien anfänglich angenommen hatten. Mit der Begründung, die Plazierung des Mehraushubes erweise sich als schwierig und die Fuhrlöhne hätten eine Erhöhung erfahren, forderte die Fuhrhalterei für das 5000 m³ übersteigende, bereits abtransportierte Quantum einen Preis von Fr. 3.–/m³. Ihr Begehren wurde abgelehnt. Das Gericht erachtete die ausdrückliche Vereinbarung eines Fr. 1.80 übersteigenden Preises als vom Kläger nicht bewiesen. Die Korrespondenzen über diesen Punkt wurden nicht als schlüssig betrachtet. Aber auch das Zustandekommen einer stillschweigenden, *d.h. durch konkludente Handlungen getroffenen Vereinbarung* wurde verneint. Weder habe der Besteller den Unternehmer zur Fortsetzung der Arbeit bewogen, obwohl er wusste, dass letzterer mehr als Fr. 1.80/m³ verlangen werde, noch könne angenommen werden, die Parteien seien sich darüber einig gewesen, dass für das 5000 m³ übersteigende Quantum ein der Jahreszeit und den übrigen konkreten Umständen entsprechender, von der Fuhrhalterei verlangter höherer Preis zu zahlen sei. Auch der weitere Standpunkt des Klägers, der Beklagte sei nach den Grundsätzen über die ungerechtfertigte Bereicherung entschädigungspflichtig, wurde abgelehnt, und zwar mit der Begründung, es sei der Beweis, wonach der Beklagte für die Abfuhr durch andere Fuhrhaltereien mehr als Fr. 1.80/m³ hätte bezahlen müssen, misslungen.

ZR III Nr. 179

Gelegentlich erhält der schriftliche Werkvertrag eine Klausel, wonach Änderungen nur Gültigkeit besitzen, wenn sie *schriftlich* niedergelegt sind. Treffen die Parteien trotzdem mündliche oder stillschweigende Ergänzungsabmachungen, so sind diese nicht schlechthin ungültig. Die Partei, welche aus solchen Abmachungen Rechte ableitet, wird aber den Beweis dafür anzutreten haben, dass eine gegenseitige Bindung trotz Missachtung der vereinbarten Formvorschrift beabsichtigt war.

Stimmen schriftliche Bestätigung und Gegenbestätigung mit den mündlichen Abmachungen nicht überein und übergeht der Unternehmer den strittigen Punkt mit Stillschweigen, so anerkennt er den Inhalt des Bestätigungsbriefes des Bestellers für sich als verbindlich, wenn er annehmen muss, es betrachte die Gegenpartei den Vertrag in der von ihr schriftlich niedergelegten Form für geschlossen. Hat der Besteller jedoch arglistig gehandelt und die mündlichen Abmachungen wider besseres Wissen entstellt, so darf nicht angenommen werden, es habe der Unternehmer die Auffassung des Bestellers akzeptiert (in diesem Sinne ZR 46 Nr. 106).

Selbstverständliches Gültigkeitserfordernis ist der auf den Vertragsabschluss gerichtete *Geschäftswille* der Parteien. Ob eine dahin zielende Absicht verbindlich bekundet wurde, ist aus den Umständen zu folgern. Die Tatsache, dass bei einem Werkvertrag die – die Regel bildende – schriftliche Form nicht beachtet wurde, kann für das Fehlen einer Willensübereinstimmung sprechen.

> Der Kläger übermittelte dem Beklagten zusammen mit dem Baubeschrieb einen von ihm unterzeichneten Entwurf eines Bauvertrages zur Gegenzeichnung. Der Beklagte verweigerte die Unterschrift. Daraus und in Berücksichtigung des weitern Umstandes, dass die Bauplatzfrage, äussere Gestaltung und innere Einrichtung des zu erstellenden Gebäudes sowie der Preis desselben offengeblieben waren, ferner ein Situationsplan, Detailpläne sowie ein ausführlicher Baubeschrieb fehlten, wurde auf eine mangelnde Willenseinigung der Parteien geschlossen. Der Schadenersatzklage des Unternehmers wegen behaupteten Vertragsbruchs blieb der Erfolg versagt.
> SJZ I, S. 95/96

> *Abgrenzung zwischen unentgeltlicher Offerte und entschädigungspflichtiger Vorarbeit*
> Ist nichts anderes vereinbart worden, geht der Offertaufwand grundsätzlich zu Lasten des Unternehmers, selbst wenn ihm die Ausführung des Werks nicht übertragen wird. Wer dagegen in Vertragsverhandlungen um den Abschluss eines Totalunternehmervertrages den Unternehmer ersucht, zur Kostenermittlung Projektstudien zu erstellen, die über herkömmliche Offertunterlagen hinausgehen, hat dafür eine Entschädigung zu leisten. Er kann sich dieser Pflicht nicht mit der Begründung entziehen, die Globalofferte letztlich abgelehnt zu haben.
> BGE 119 II, S. 40/41 ff.

2. Die Abgrenzung des Werkvertrages gegenüber andern Vertragsarten

Wenn zu Beginn dieses Kapitels auf die Verwandtschaft des Werkvertrages zu andern Vertragsgebilden, wie Dienstvertrag und Auftrag, hingewiesen worden ist, so soll nun im folgenden die *Abgrenzung* des Werkvertrages zu den beiden genannten und andern Vertragstypen vorgenommen werden. Dies erweist sich deshalb als notwendig, weil die gesetzliche Regelung der verschiedenen Vertragsarten in einzelnen Punkten voneinander abweicht und als wesentliche Folge davon Rechte und Pflichten der Vertragsparteien je nach Vertragstyp verschieden sind.

a) Der Gegensatz zwischen **Werkvertrag und Dienstvertrag** wird im schweizerischen Recht darin erblickt, dass beim Dienstvertrag die *Arbeit* als solche, beim Werkvertrag das Arbeits*resultat* als ein Ganzes, also der Arbeits*erfolg*, den Vertragsgegenstand bildet (Becker, Note 4 zu Art. 363; BGE 59 II 263 und 109 II 36). Beim Werkvertrag wird die Arbeitsleistung nicht, wie beim Dienstvertrag, nach Zeit bezahlt, sondern es wird der im voraus bestimmte Arbeitserfolg entschädigt. Während beim Werkvertrag bei Fehlen des Arbeitsergebnisses eine Pflicht des Bestellers zur Entrichtung des Werklohnes nicht besteht, hat der Arbeitnehmer beim Dienstvertrag Anspruch auf den zugesicherten Lohn, auch wenn seinem Einsatz der Erfolg versagt bleibt. Daraus ergibt sich die Konsequenz, dass der Unternehmer mangels Erfolges und trotz Aufwand an Arbeit und Material gegenüber dem Besteller keinen Schadenersatzanspruch besitzt.

Charakteristisch für den Werkvertrag ist die Erbringung der Leistung in freier Betätigung, bezeichnend für den Dienstvertrag das zwischen Dienstherr und Dienstpflichtigem bestehende Subordinationsverhältnis.

> Die Ausbeutung einer staatlichen Kiesgrube unter Anleitung des Strassenaufsehers bei wöchentlich bestimmten und je Kubikmeter bezahlten Ablieferungen ist Werkvertrag, nicht Dienstvertrag. Als entscheidend wurde betrachtet, dass der Unternehmer seine Arbeitszeit frei einteilen konnte, mit eigenem Werkzeug arbeitete und auch das notwendige Sprengpulver bestellte. Deshalb kein Schadenersatzanspruch gegenüber dem Staat des vom Unternehmer engagierten Hilfsarbeiters, der bei Sprengungen in der Kiesgrube verunfallte.
>
> SJZ I, S. 69/70

> Ein Baumeister stellte für an einem Hause ausgeführte Flickarbeiten Rechnung für geliefertes Material und Stundenlöhne seiner Arbeiter. Für seine eigene Arbeitszeit berechnete er keinen nach Zeitaufwand berechneten Lohn, sondern einen runden Betrag. Der Besteller bestritt die Höhe der Rechnung. Das Gericht entschied, es liege *Werkvertrag*, nicht Dienstvertrag vor und der Baumeister habe deshalb nur Anspruch, seinen Lohn in der Höhe des Wertes der Arbeit zu berechnen, ohne Rücksicht auf Zahl und Dauer der einzelnen Arbeitsleistungen.
>
> ZR 11 Nr. 19

Die sogenannte *Akkordarbeit* enthält sowohl Elemente des Dienstvertrages als auch solche des Werkvertrages, wobei je nach den Umständen die einen oder andern Indizien überwiegen und dementsprechend die Zuordnung des Rechtsverhältnisses zu diesem oder jenem Vertragstypus erfolgen muss. Leistet der Akkordarbeiter seine Dienste in den Räumen des Dienstherrn, verwendet er dessen Material und Werkzeuge und ist ihm eine bestimmte Arbeitszeit vorgeschrieben, so werden *dienstvertragliche Vorschriften* zur Anwendung gelangen müssen. Ist umgekehrt der *Dienstleistende* in seiner Zeiteinteilung frei, organisiert er die Arbeit nach eigenem Gutdünken und wird er nach Stückzahl oder Ausmass bezahlt – letzteres ist beispielsweise im Baugewerbe bei Eisenleger-, Maurer- oder Gipser-Akkordgruppen häufig der Fall –, so sind Rechte und Pflichten der Parteien nach dem *Werkvertragsrecht* zu beurteilen.

> Ein Schreinermeister, der zusammen mit eigenen Angestellten einer Fuhrhalterei beim Verladen eines Möbelwagens auf einen Bahnwagen gegen Entgelt behilflich ist, stellt seine Dienste nicht auf Grund eines *Werkvertrages* als *Unterakkordant* zur Verfügung. Der Umstand, dass ein Angestellter der Fuhrhalterei die Verladearbeiten leitet und über die notwendigen Hilfsmittel allein entscheidet, der Schreinermeister seinerseits lediglich in unselbständiger Weise mit seiner persönlichen Arbeit beteiligt ist, führt zur Annahme eines, wenn auch nur vorübergehend bestehenden *Dienstvertrages*.
> BGE 30 II 494/5

> Die Umarbeitung eines Rebgrundstückes (sogenannter Rebakkord) unter Ansetzung eines Termins für die Beendigung der Arbeiten bei Zurverfügungstellung von Material durch den Besteller qualifiziert sich als *Werkvertrag*.
> ZR 21 Nr. 138

Die Frage der Zuordnung eines bestimmten Tatbestandes unter das Werk- oder Dienstvertragsrecht ist nicht nur mit Bezug auf *Haftpflichtprobleme* bedeutsam. Sie kann unter Umständen auch eine Rolle spielen wegen des *Konkursprivileges* des Arbeitnehmers nach Art. 219 des Bundesgesetzes betr. Schuldbetreibung und Konkurs. (Näheres hiezu in den Kommentaren zum SchKG C. Jäger, Bd. 2, S. 139/140, und Jäger/Däniker, Bd. 1, S. 359.)

Die Vereinbarung über die *Verwaltung von Liegenschaften* ist nach bundesgerichtlicher Rechtsprechung jedenfalls *kein Werkvertrag*, kann aber sowohl *Dienstvertrag* als auch ein sogenannter *Vertrag eigener Art* sein und ist als solcher nach den Vorschriften über den Auftrag (Art. 394 Abs. 2 OR) zu beurteilen (BGE 83 II 530).

b) **Werkvertrag und Kaufvertrag** unterscheiden sich in der Hauptsache dadurch, dass beim Kauf nicht, wie beim Werkvertrag, die Leistung von Arbeit, sondern die Leistung einer Sache im Vordergrund steht (BECKER, Art. 363 Note 2). Eine klare Abgrenzung der beiden Vertrags-typen zueinander erscheint zunächst notwendig wegen der verschiedenen gesetzlichen Regelung der *Gefahrtragung beim Untergang des Werkes bzw. der gekauften Sache.* Nach Kaufsrecht (Art. 185 OR) geht die Gefahr mit dem *Vertragsabschluss* auf den Erwerber über. Anders beim Werkvertrag: Der Unternehmer trägt das Risiko des Untergangs bis zur *Übergabe,* wobei allerdings die Einschränkung gilt, dass der Unternehmer bei *zufälligem Untergang* den Besteller nicht zu entschädigen hat für den von diesem beigestellten Stoff (Art. 376 Abs. 2 OR). Ein weiterer wesentlicher Unterschied ist darin zu erblicken, dass der *Käufer,* der rechtzeitig und begründeterweise *Mängelrüge* erhebt, entweder *Wandelung* des Kaufvertrages oder *Minderung* des Kaufpreises verlangen kann (Art. 205 OR). Dagegen steht ihm ein Recht auf *Behebung des Mangels* nicht zu, und ebensowenig hat der Verkäufer einen Anspruch darauf, den Mangel zu beheben und dadurch das Begehren des Käufers auf Wandelung oder Minderung auszuschliessen. Beim Werkvertrag hat mangels anderer Parteiabrede wohl der Besteller ein Recht auf *Behebung der Mängel* durch den Unternehmer, sofern dieselben nicht erheblich sind und die Ausbesserung dem Unternehmer nicht übermässige Kosten verursacht (Art. 368 Abs. 2 OR), das gleiche Recht steht aber nicht dem Unternehmer zu (ZR 37 Nr. 54 Basler juristische Mitteilungen 1956, S. 356, SJZ 6, S. 271; SJZ 44, S. 127).

Falls die Parteien ihre Abmachungen der SIA Norm 118 (Ausgabe 1977/1991) unterstellten, steht dem Besteller im Rahmen der Mängelrechte vorerst nur der Anspruch zu, vom Unternehmer die Beseitigung des Mangels innerhalb angemessener Frist zu verlangen (Art. 169).

In Fällen, da der Unternehmer den zu *verarbeitenden Stoff* liefert, ist die Unterscheidung zwischen Kauf- und Werkvertrag nicht immer einfach. Wenn das stoffliche Element vorherrscht und der Vertragsgegenstand bereits hergestellt ist, wird man *Kauf* annehmen müssen, ist es doch eine Eigenart des Werkvertrages, dass das Produkt bei Vertragsabschluss regelmässig noch nicht existiert.

Der *sogenannte Werklieferungsvertrag* enthält sowohl Elemente des Werkvertrages als auch des Kaufes. Ob die gesetzlichen Regeln der einen oder andern Vertragsform Anwendung finden, muss nach dem konkreten Sachverhalt beurteilt werden.

Die Lieferung von Balkendecken samt dazugehörigen Verteileisen, beides bestimmt für den Einbau in Mehrfamilienhäuser und eigens hiefür angefertigt, qualifiziert sich rechtlich weder als Kauf- noch als reiner Werkvertrag. Es liegt ein aus beiden Vertragstypen gemischtes Geschäft, ein sogenannter *Werklieferungsvertrag*, vor, der von der Rechtsprechung als *Werkvertrag* behandelt wird.

BGE 72 II 349, unter Verweis auf BGE 24 II 545, 26 II 58 und 29 II 48; analog die neueren Urteile, publiziert in BGE 103 II 35 und 117 II 274

Als *Unterart des Kaufvertrages*, nicht aber als werkvertragliche Abmachung wird der *Kauf einer künftig* noch herzustellenden Sache betrachtet.

Die Lieferung eines Herrenzimmers, dessen Teile nach Weisungen des Bestellers anzufertigen sind und die von der Herstellerfirma serienmässig nach vorhandenen Modellen fabriziert werden, gilt als *Kauf*.
ZR 37 Nr. 54

Ein Vertrag über die Erstellung von Öfen, Bad- und Wascheinrichtungen im Hause des Bestellers ist *Kauf-* und nicht Werkvertrag, obgleich der Ersteller die Montage der Objekte an Ort und Stelle übernommen hat.
ZR 1 Nr. 154

Für den *Erwerb einer Liegenschaft* sind üblicherweise die Bestimmungen über den *Grundstückkauf* (Art. 216–221 OR) massgebend. Als Kauf- und nicht Werkvertrag bezeichnen Rechtsprechung und Literatur in der Regel die Veräusserung eines Grundstückes bei gleichzeitiger Verpflichtung zur *Überbauung* unter Festsetzung eines *einheitlichen Preises* (OSER, S. 1390; BECKER, S. 5; BGE 15, S. 840/1).

Demgegenüber bezeichnete der Appellationshof des Kantons Bern in einem neuern Entscheid die schriftlich zugesicherte Erstellung eines Einfamilienhauses gegen ein Entgelt von Fr. 44 000.– und Zufertigung des Grundstückes nach erfolgtem Hausbau als «Bauvertrag», der seinem Inhalt nach ein Werkvertrag sei. Entscheidend ist wohl eine in der Abmachung enthaltene Klausel, wonach die Bestellerin berechtigt war, im Verlauf des Baues Abänderungen zu machen. Die Verpflichtung zur Übereignung wurde als werkvertragliche Nebenabrede betrachtet. Die Unterlassung der öffentlichen Beurkundung des Vertragsverhältnisses bewirkte die *Nichtigkeit* des ganzen Vertrages.
SJZ 52, S. 295/296

Erwirbt jemand aber eine Bauparzelle und erteilt nach erfolgter grundbuchlicher Übereignung dem Veräusserer des Areals den Auftrag für die Erstellung eines Gebäudes, ohne eine bestimmte Bausumme festzulegen, so hat man es offensichtlich mit *zwei Abmachungen, einem Kaufvertrag* bezüglich des Landerwerbs und einem *Werkvertrag* für den Hausbau, zu tun.

c) Obgleich zwischen **Werkvertrag und Auftrag** Berührungspunkte vorhanden sind, bestehen doch einige bedeutsame Unterschiede von rechtlicher Tragweite. Der Werkvertrag hat zum Gegenstand die Herstellung oder Veränderung eines Werkes; durch die Annahme eines Auftrages verpflichtet sich der Beauftragte zur *Besorgung von Diensten* (Art. 394 OR). Dabei garantiert der Beauftragte – und das erscheint wesentlich – in keiner Weise, dass sein Tätigwerden in eine bestimmte Richtung zum sichern Erfolg führe. Er hat auch bei erfolgloser Tätigkeit Anspruch auf eine Entschädigung, während beim Werkvertrag der Unternehmer, wie an anderm Orte bereits ausgeführt worden ist, Bezahlung nur bei Vorliegen des vereinbarten Arbeitsresultates fordern kann.

Ob im einzelnen Falle die eine oder andere Vertragsart anzunehmen ist, muss anhand der getroffenen Abmachungen, des Parteiwillens und der Verkehrsauffassung geprüft werden. Übereinstimmend unterstellen Literatur und Praxis die Besorgung von Rechtsgeschäften, die Prozessführung, die Erteilung von Rechtsauskünften, ärztliche Tätigkeit, und zwar sowohl Krankheitsbehandlung, Konsultation und Operation, den Bestimmungen über den Auftrag (OSER, Art. 363, Noten 15/16).

Kontrovers war zu Zeiten die rechtliche Qualifikation der *Tätigkeit des Architekten*. Heute darf als unbestritten gelten, dass sie sich jedenfalls dann nach *Auftragsrecht* beurteilt, wenn die vom Architekten zu erfüllende Aufgabe die *gesamten* für die Planung und Erstellung eines Baus nötigen Arbeiten umfasst, also Ausarbeitung der Projektskizze, Erstellung der Ausführungs- und Detailpläne sowie des Kostenvoranschlages, ferner Vergebung der Arbeiten an die Bauhandwerker, Besorgung der Bauleitung und schliesslich Aufstellung der Schlussrechnung (OSER, Art. 363, Note 19; BGE 63 II 176 ff.; SJZ 42, S. 187).

Betraut der Bauherr den Architekten lediglich mit der *Herstellung von Plänen oder Berechnungen* – gleiches gilt für den Bauingenieur –, so wird dies als werkvertragliche Abmachung betrachtet. Diese Auffassung hat das Bundesgericht in einem Entscheid, der allerdings die Tätigkeit eines Geometers betraf, vertreten (BGE 109 II 37) und an dieser Auffassung festgehalten. In der Lehre sind die Meinungen geteilt. Für Näheres sei auf einen Aufsatz des Verfassers verwiesen, betitelt *«Die Rechtsprechung des Bundesgerichtes zum Architektenvertrag und ihre Bedeutung für den Architekten».* Der Aufsatz ist in der Zeitschrift «Schweizer Ingenieur und Architekt», Jg. 1987, S. 440 ff., sowie als Sonderdruck erschienen.

Als *entschädigungsloses* Dienstangebot ist es zu qualifizieren, wenn ein Architekt an Submissionen oder Wettbewerben teilnimmt.

Auf die Frage der Bestimmung des Architektenhonorars bei den verschiedenen Sachverhalten wird später im Abschnitt IV 6, «Der Honoraranspruch des Architekten», einzugehen sein (S. 76 ff).

II. Pflichten und Rechte des Unternehmers

1. **Die Hauptverpflichtung des Unternehmers** besteht, wie dies aus der gesetzlichen Definition des Werkvertrages (Art. 363 OR) hervorgeht, in der **Herstellung des Werkes** gemäss getroffener Übereinkunft. Wie der Unternehmer die übernommene Aufgabe zu erfüllen hat, geht aus Art. 364 ff. OR hervor.

a) Eine erste Bestimmung (Art. 364/2) schreibt vor, es habe der Unternehmer das Werk **persönlich** auszuführen oder doch **unter seiner Leitung** ausführen zu lassen, fügt aber sogleich den Vorbehalt bei, dass dann auf die persönliche Ausführung verzichtet werden dürfe, wo es auf die besondern Eigenschaften des Unternehmers nicht ankomme. In solchen Fällen kann also der Unternehmer das bestellte Werk auch durch *Dritte* ausführen lassen. Wann die eine oder andere Möglichkeit gegeben ist, bestimmt sich nach der Natur des Geschäftes und kann nicht generell gesagt werden. Im Baugewerbe ist der Beizug von Unterakkordanten eine oft geübte und in den «Allgemeinen Bedingungen für Bauarbeiten», aufgestellt durch den Schweizerischen Ingenieur- und Architektenverein, sogar ausdrücklich erwähnte und speziell geregelte Usanz (SIA Norm, Ausgabe 1977/91, Art. 29):

Subunternehmer

Subunternehmer ist, wer auf Grund eines Werkvertrages mit dem Unternehmer einzelne oder alle der von diesem übernommenen Arbeiten auszuführen hat.

Der Subunternehmer steht hinsichtlich dieser Arbeiten nur zum Unternehmer in einem Vertragsverhältnis. Seine Beiziehung ist auf den Verkehr zwischen Bauherrn und Unternehmer ohne Einfluss. Gegenüber dem Bauherrn hat der Unternehmer für die Arbeit des Subunternehmers wie für seine eigene einzustehen; vorbehalten bleibt Abs. 5.

Der Unternehmer darf einen Subunternehmer dann beiziehen, wenn der Werkvertrag dies allgemein oder für eine bestimmte Arbeit vorsieht. Soweit der Vertrag eine Beiziehung nicht vorsieht, bedarf sie der ausdrücklichen Erlaubnis des Bauherrn; keiner Erlaubnis bedarf die Beiziehung, wenn sie nur einen unwesentlichen Teil der Arbeiten betrifft und die vertragsgemässe Ausführung nicht beeinträchtigt.

Der Unternehmer übernimmt in seinen Vertrag mit dem Subunternehmer alle Bestimmungen seines Werkvertrages mit dem Bauherrn, die zur Wahrung der Interessen des Bauherrn erforderlich sind.

b) Die zur Ausübung des Werkes nötigen **Hilfsmittel, Werkzeuge und Gerätschaften** hat der Unternehmer bei Fehlen einer anders lautenden Vereinbarung oder Übung auf eigene Kosten bereitzustellen (Art. 364 Abs. 3 OR). Hier zeigt sich ein wesentlicher Unterschied zum Dienstvertrag: Der Dienstherr ist gehalten, den Dienstpflichtigen mit dem für die fragliche Arbeit nötigen Werkzeug und Material auszurüsten (Art. 338 Abs. 1 OR).

c) Der Unternehmer haftet dem Besteller für **sorgfältige und sachkundige Ausführung** des Werkes. Das *Mass der anzuwendenden Sorgfalt* bestimmt sich gemäss der in Art. 364 OR enthaltenen Verweisung nach dem Dienstvertragsrecht, wobei dieses im wesentlichen auf den Bildungsgrad oder die Fachkenntnisse, die für eine konkrete Arbeit verlangt werden, abstellt (Art. 328 Abs. 3 OR). Wenn mit dem in Art. 328 Abs. 3 enthaltenen Nachsatz, *die Haftung des Dienstpflichtigen* bestimme sich nach seinen Fähigkeiten und Eigenschaften, soweit sie der Dienstherr kannte oder hätte kennen sollen, eine *Haftungsmilderung* angestrebt wird, so dürfte diese Entlastungsmöglichkeit für den Unternehmer kaum je in Frage kommen; denn in der Regel ist der Besteller *Laie,* der Unternehmer aber *Fachmann,* dessen berufliche Tüchtigkeit der Besteller zu prüfen keine Gelegenheit hat. Vom Unternehmer darf überdies erwartet werden, dass er einen Auftrag ablehnt, wenn er feststellt, dass ihm die Fähigkeiten zu dessen Erfüllung fehlen. Übernimmt er die Bestellung trotz mangelnder Sachkenntnis, so handelt er schuldhaft, und seine Haftung ist gegeben (OSER, Art. 364 Note 1; SCHLATTER, S. 32/33). Wenn allerdings nachgewiesenermassen die Unbrauchbarkeit eines Werkes (schmiedeiserner Wellenblock zur Hebung von schweren Lasten in einem Steinbruch) auf den Inhalt der Bestellung und auf Vorschriften, die der Besteller gemacht hat, zurückzuführen ist, so muss nicht der Unternehmer, sondern der Besteller allfällige nachteilige Folgen tragen (BGE 26 II 584).

In einem jüngeren Entscheid (BGE 103 II 52 ff.) hat sich das Bundesgericht zur Bedeutung des Art. 364/2 unter anderem wie folgt geäussert:

... bei der Vergebung von Baumeisterarbeiten spielen die persönlichen Eigenschaften des Unternehmers jeweils eine ganz entscheidende Rolle, kommt es doch dabei nicht allein darauf an, welches Angebot am preisgünstigsten ist, sondern ebensosehr auf die Beurteilung des Unternehmers hinsichtlich seiner Leistungsfähigkeit und Qualität, seiner Zuverlässigkeit und Zahlungsfähigkeit. ... Die Fähigkeit zur persönlichen Leistung setzt bei einem Bauunternehmer einen Personalbestand sowie einen gewissen Geräte- und Maschinenpark voraus. ... Eine Weitergabe des Auftrages an Unterakkordanten ist unzulässig.

Es gehört zur Sorgfalts- und Treuepflicht des Unternehmers, dass er einen Auftrag nicht übernimmt, wenn er zur Überzeugung kommt, dass ihm die Fähigkeiten für dessen Erfüllung abgehen. Akzeptiert er aber den Werkauftrag trotz mangelnder Sachkenntnis, so ist sein Handeln schuldhaft, und er hat für einen allfälligen Schaden einzustehen (OSER, Note 1 zu Art. 364 OR, SCHLATTER, S. 32/33.)

Der Bauunternehmer haftet für die ihm übertragenen Arbeiten, insbesondere für Stützungsarbeiten bei einem Umbau, gemäss den Vorschriften über den Werkvertrag. Er kann sich nicht darauf berufen, dass ihm in dieser Hinsicht vom bauleitenden Architekten zuwenig genaue Anweisungen erteilt worden seien.

SJZ 58 Nr. 54, S. 58

Wenn ein einfacher Zimmermann den Auftrag zur Erstellung eines komplizierten Daches übernimmt, ohne genügende Pläne zu besitzen, und wenn als Folge ungenügender Fachkenntnisse das Arbeitsresultat nicht befriedigt, so trägt der Handwerker dafür den grösseren Teil der Verantwortung. Der Bauherr, welcher, um Kosten zu sparen, auf den Beizug eines Architekten oder Ingenieurs verzichtete, was sich mit Rücksicht auf das Bauvorhaben aufgedrängt hätte, hat seinen, wenn auch kleineren Teil der Verantwortung zu übernehmen.

Repertorio di giurisprudenza patria (Bellinzona), Bd. 97/1964, S. 240

Wenn beim Abbruch eines Gebäudes das Dach des Nachbargebäudes beschädigt wird, hat der Unternehmer dafür einzustehen. Das ergibt sich aus seiner Pflicht, das Werk gewissenhaft und sorgfältig auszuführen. Er haftet auch ohne Verschulden und gleichgültig, ob zusätzlich noch Architekten oder Ingenieure haften würden.

ZWR 1970, S. 60 ff.

Als typische Fälle der *Nichterfüllung von Sorgfaltspflichten (sog. positive Vertragsverletzung),* die den Unternehmer zu Schadenersatz verpflichten, führt sodann GAUTSCHI in Note 5f. zu Art. 364 OR u.a. an:

- Der Unternehmer, dem Maurerarbeiten vergeben sind, errichtet ein Gerüst. Das Gerüst stürzt ein, dabei entsteht Schaden an der Fassade, an Fenstern und an einem Lastwagen eines andern Unternehmers.
- Wegen ungenügender Sicherung des Geleises stürzt ein zu Bauarbeiten verwendeter Kran gegen einen Neubau, beschädigt ihn schwer und gefährdet Personen.
- Der Maler verwendet eine Farbe, deren chemische Zusammensetzung den Gipsverputz zersetzt, auf den sie aufgetragen wird.
- Bei den durch Maurer ausgeführten Verputzarbeiten werden bereits eingesetzte Fensterscheiben durch Kalkspritzer beschädigt (vgl. BGE 89 II 237).

Zur Sorgfaltspflicht des Unternehmers bei der Erstellung von *Bauwerken* gehört des weiteren die Beachtung der von der Bauleitung aufgestellten Pläne und Vorschriften.

Analog dem Dienstpflichtigen ist der Unternehmer dem Besteller verantwortlich für den *absichtlich oder fahrlässig zugefügten Schaden* (Art. 328 Abs. 2 OR).

> Der Ersteller einer Zentralheizung mit automatischer Ölfeuerung haftet für den Schaden, der entsteht zufolge Nichteinbaus einer Sicherheitsvorrichtung, wie sie für Rauchklappen bei solchen Anlagen allgemein üblich ist. Solches Verhalten ist fahrlässig. Da der Besteller durch mangelnde Überwachung den Schaden mitverursacht hat, fällt auf ihn ein Viertel, auf den Unternehmer drei Viertel des entstandenen Schadens (Art. 364 Abs. 1 OR in Verbindung mit Art. 328 Abs. 2 OR).
> ZBJV 73, 434

> Es gehört zur Sorgfaltspflicht einer Zentralheizungsfirma, das für die erstellte Heizanlage zu verwendende Wasser auf Eignung zu prüfen. Als Wärmeübertragungsmittel bildet es einen wesentlichen Bestandteil der Heizungsanlage. Erfordert die normale Brauchbarkeit einer Heizanlage, dass das Wasser eine ganz bestimmte Beschaffenheit aufweist, so ist die Erstellerin dafür verantwortlich, dass die Anlage mit geeignetem Wasser gefüllt wird. Das von der Lieferantin verwendete gewöhnliche, nicht enthärtete Leitungswasser enthielt freie aggressive Kohlensäure und Sauerstoff, was Korrosionsschäden zur Folge hatte.
> BGE 94 II 157, Pra 58, S. 3, «Schweizerischer Hauseigentümer» vom 1.4.1969

Ein Unternehmer, der bei der Ausführung eines Bauwerkes oder Abbruches die *anerkannten Regeln der Baukunde* vorsätzlich oder fahrlässig ausser acht lässt und dadurch *wissentlich Leib und Leben von Mitmenschen gefährdet,* schafft einen *strafrechtlich zu ahndenden Tatbestand* (Strafgesetzbuch Art. 229, ausführlich hierüber Felix BENDEL: «Die strafrechtliche Verantwortlichkeit bei Verletzung der Regeln der Baukunde», Winterthur 1960, ferner Franz RIKLIN: «Die strafrechtlichen Risiken beim Bauen», Tagungsunterlage IV Baurechtstagung 1987, Universität Freiburg.

Wenn der Unternehmer *Gehilfen* oder *Dritte* mit der Herstellung des Werkes betraut, so hat er für deren Tätigkeit nach Massgabe der einschlägigen gesetzlichen Bestimmungen einzustehen (Art. 101 und 55 OR).

> Anpassen und Aufnageln eines Hufeisens ist *Werkvertrag.* Der Schmied, dessen *Geselle* ein Pferd vernagelt, so dass es als Folge von Abszess und Starrkrampfinfektion abgetan werden muss, ist nach OR Art. 101 als Geschäftsherr schadenersatzpflichtig. Die Handlungen seines Personals muss er nach jeder Richtung hin sowohl bezüglich Sorgfalt als auch Sachkenntnis vertreten.
>
> ZR 19 Nr. 182, BGE 46 II 128 ff.

> *Werkvertrag; Verjährung der Ansprüche des Bestellers gegen den Unternehmer.* Der Anspruch auf Ersatz des Schadens, den der Unternehmer dem Besteller bei Ausführung des Werks, also vor dessen Ablieferung, in Verletzung seiner Sorgfaltspflicht zufügt, unterliegt der ordentlichen zehnjährigen Verjährungsfrist von Art. 127 OR.
>
> BGE 111 II 170 ff.

> Unfall eines Monteurs infolge mangelhafter Reparatur eines Steiggurtes durch den Sattler. Haftung des Unternehmers aus Werkvertrag und als Geschäftsherr (Art. 55 OR) für den die Reparatur ausführenden Arbeiter, da qualitativ schlechtes Leder Verwendung fand und genügende Anweisung und Beaufsichtigung des Arbeiters nicht erfolgten.
>
> BGE 64 II 256 ff.

d) Soweit der Unternehmer die **Lieferung des Stoffes** übernommen hat, haftet er dem Besteller für die *Güte* desselben (Art. 365 Abs. 1 OR).

> Der Unternehmer, welcher Asphaltbeläge für Gartenwege herstellt und zur Beseitigung des vorhandenen Unkrautes und zur Vermeidung weite-

rer Unkrautbildung ein besonderes Mittel verwendet, haftet nach Art. 365
OR, wenn eine Hecke durch das Zusammenwirken des giftigen Mittels
und der durch dieses aufgelösten, ebenfalls giftigen Asphaltbestandteile
abstirbt. Pflicht des Unternehmers, einen den konkreten Verhältnissen
entsprechenden Stoff zu verwenden und die besondere örtliche Lage fach-
männisch zu prüfen.

ZR 36 Nr. 169

Werkvertrag; Verjährung der Mängelrechte des Bestellers; Art. 210 Abs.
1, 365, Abs. 1 und 371 Abs. 2 OR. Gehen Sachmängel eines unbeweglichen Bauwerks auf den vom Unternehmer gelieferten Stoff zurück, so gilt
nicht die einjährige Verjährungsfrist von Art. 210 Abs. 1 OR, sondern die
fünfjährige von Art. 371 Abs. 2 OR.

BGE 117 II 425–429

Den *vom Besteller gelieferten Stoff* hat der Unternehmer mit aller Sorgfalt zu behandeln, über dessen *Verwendung* Rechenschaft abzulegen
und einen allfälligen Rest dem Besteller *zurückzugeben* (Art. 365 Abs.
2 OR).

Das Gebot zu sorgfältiger Behandlung umfasst auch die Verpflichtung zur sachgemässen Verwahrung z.B. eines zur Ausbesserung gegebenen Gegenstandes oder des vom Besteller gelieferten Stoffes,
grundsätzlich aber nicht die *Versicherungspflicht* (BGE 50 II 517).

Beachte ferner BGE 113 II 421 ff. mit zahlreichen Hinweisen. Die
SIA Norm 118, Ausgabe 1977/1991, regelt die Versicherungspflicht
des Unternehmers in Art. 26 wie folgt:

[1] Der Unternehmer versichert die Risiken seiner zivilrechtlichen Haftung gegenüber Dritten. Auf Verlangen leistet er hiefür den Nachweis. Die Versicherung hat die Haftung des Unternehmers für alle von ihm beschäftigten Personen zu umfassen unter Einschluss allfälliger Regressansprüche Dritter. In den
Ausschreibungsunterlagen kann der Bauherr eine Mindestversicherungs-
summe vorschreiben.

[2] Bestehen nach Ansicht des Unternehmers für den Bauherrn besondere Haf-
tungsrisiken gegenüber Dritten, namentlich als Werkeigentümer (Art. 58 OR)
oder als Grundeigentümer (Art. 679 ZGB), so beantragt er dem Bauherrn den
Abschluss einer Bauherrenhaftpflichtversicherung, sofern dieser die Risiken
nicht selbst erkennen kann.

Wenn sich bei der Ausführung des Werkes *Mängel an dem vom Bestel-*
ler gelieferten Stoffe zeigen, die eine gehörige oder rechtzeitige Ausführung des Werkes gefährden, so hat der Unternehmer dem Besteller

unverzüglich Anzeige zu erstatten, andernfalls die nachteiligen Folgen ihm selbst zur Last fallen (Art. 365 Abs. 3 OR).

Diese Meldepflicht gilt insbesondere bezüglich des angewiesenen *Baugrundes,* und aus ihrer Verletzung können sich für den Unternehmer unter Umständen weittragende finanzielle Folgen ergeben.

Der Unternehmer, welcher einen am Abhang gelegenen Bauplatz verkauft und den Bau eines Hauses auf Grund eines Werkvertrages übernimmt, ist zur *kunstgerechten Ausführung* des Bauwerkes verpflichtet. Dazu gehört auch die Berücksichtigung der Beschaffenheit des Baugrundes. Die Diligenzpflicht des Unternehmers erschöpft sich bezüglich der Mängel des Baugrundes nicht in der unverzüglichen Anzeige derjenigen Mängel, deren er bei Ausführung des Werkes *wirklich gewahr* wird. Darüber hinaus kann der Besteller auch die *sorgfältige Untersuchung der Beschaffenheit des Baugrundes* verlangen, wobei nach Massgabe der werkvertraglichen Abmachungen zu entscheiden ist, inwiefern die Massnahmen zur Bekämpfung von Mängeln, die bei Abschluss des Bauvertrages nicht ersichtlich waren, dem Unternehmer zur Last fallen. Die grundsätzliche Haftung des Unternehmers besteht selbst dann, wenn im Kaufvertrag über das Grundstück die *Nachwährschaft wegbedungen* worden ist, hat der Verkäufer doch gewisse Zusicherungen für die Verwendbarkeit zu Bauten dadurch gegeben, dass er den Käufer verpflichtete, sofort zu bauen. – Da der Unternehmer die Erstellung der Baute *selbst* übernahm, war die Prüfung, ob und wie ohne Gefahr auf dem fraglichen Terrain gebaut werden könne, seine Sache.
BGE 26 II 653 ff.

Ein Unternehmer, der die akkordweise Ausführung von Erd- und Maurerarbeiten für die *Erweiterung eines Reservoirs* übernimmt, ist auch zum sachgemässen *Anschluss* der Neubaute an ein bestehendes *altes Reservoir* verpflichtet. Wenn unsorgfältiges Vorgehen – Unterlassen des Baus von Strebepfeilern – den teilweisen Einsturz des alten Reservoirs herbeiführt, haftet der Unternehmer aus Werkvertrag. Den *Bauherrn,* welcher detaillierte Pläne ausarbeiten lässt und durch seine Organe eine gewisse Kontrolle über die Arbeiten des Unternehmers ausübt und den Unternehmer ohne ernstlichen Einspruch gewähren lässt, trifft ein *Mitverschulden.* Es entspricht dem Gebot der Gerechtigkeit, die Parteien den entstandenen Schaden zu gleichen Teilen tragen zu lassen.
BGE 16 380/7

Der Steinhauermeister, welcher sich zur Lieferung von *sogenannten Muraltschen Kunststeinen,* bestimmt zur Fassadenverkleidung eines Hauses, verpflichtet, muss den Besteller auf die dieser Steinart anhaftenden Risiken aufmerksam machen. Auftretende Mängel (Risse, Ab-

bröckeln), die sowohl Folge der in Frage stehenden Produktionsweise als
des vom Besteller vorgeschriebenen Materials sind, gehen zu gleichen
Teilen zu Lasten der Parteien.
  BGE 23 II 1733 ff.

Ein Bauunternehmen, das den Bau einer Brücke übernahm, machte Mehrforderungen geltend wegen Unrichtigkeit der bei der Ausschreibung auf-
gelegten Pläne, ferner wegen Unstimmigkeiten des in den Plänen enthaltenen geologischen Profils des Flussbettes. Der in Art. 365 Abs. 3 OR vorgesehenen Anzeigepflicht hatte es genügt. Die Mehrforderungen wurden
grundsätzlich zugelassen, weil sich der Unternehmer nach den Verhältnissen *auf die Angaben des Bestellers über Baugrund und Wasserstand
verlassen durfte.* In den Submissionsbestimmungen war auf die SIA-Bedingungen hingewiesen worden, die u.a. erklärten, die Grundlagen der
auszuführenden Arbeiten, insbesondere Aufschlüsse über allfällige Risiken, Bodenbeschaffenheit, Sondierungen usw., seien bei der Submission
bekanntzugeben.
  BGE 52 II 437 ff.

Volle Haftung des mit der Ausarbeitung der Pläne und der Bauleitung
beauftragten Architekten für Konstruktionsfehler des Werkes (wegen
ungenügender Schräge, undichten Daches). Keine Haftung des Dach-
deckers, obwohl er Garantie für absolute Undurchlässigkeit des Daches
leistete. Der Dachdecker arbeitete plankonform und sorgfältig. Keine Anzeigepflicht gemäss Art. 365 Abs. 3 gegenüber dem Besteller, denn der Unternehmer befolgte die Weisungen des Eternitlieferanten und hielt sich an
die Pläne des Architekten.
  BGE 93 II 311 ff.

Die Bedeutung, welche im Baugewerbe der Prüfungs- und Anzeigepflicht des Unternehmers beigemessen wird, zeigt die sehr ausführliche
Regelung, wie sie beispielsweise der SIA Norm 118 «Allgemeine Bedingungen für Bauarbeiten» Ausgabe 1977/1991, entnommen werden
kann:

Anzeige- und Abmahnungspflichten des Unternehmers
Art. 25

[1] Die Aufsicht, die der Bauherr durch die Bauleitung ausüben lässt, enthebt den
Unternehmer nicht der gesetzlichen Pflicht (Art. 365 Abs. 3 OR), Verhältnisse,
die eine gehörige oder rechtzeitige Ausführung des Werkes gefährden, der
Bauleitung ohne Verzug anzuzeigen. Verletzt er diese Pflicht, so fallen nachteilige Folgen ihm selbst zur Last; es sei denn, die Bauleitung habe von den betreffenden Verhältnissen auch ohne Anzeige nachweisbar Kenntnis gehabt.

[2] *Die Anzeigen sollen schriftlich erfolgen; mündliche Anzeigen sind zu protokollieren.*

[3] Der Unternehmer hat die ihm übergebenen Pläne und den von ihm zu bear-
beitenden Baugrund nur dann zu prüfen, wenn der Bauherr weder durch eine
Bauleitung vertreten noch selbst sachverständig noch durch einen beigezogenen Sachverständigen beraten ist. *Doch zeigt der Unternehmer Unstimmigkeiten
oder andere Mängel, die er bei der Ausführung seiner Arbeit erkennt, unverzüglich
gemäss Abs. 1 und 2 an und macht die Bauleitung auf nachteilige Folgen aufmerksam (Abmahnung).*

[4] Die *gleiche Abmahnungspflicht* trifft den Unternehmer, wenn er bei der Ausführung seiner Arbeit feststellt oder nach den Umständen feststellen muss,
dass ihm erteilte Weisungen der Bauleitung fehlerhaft sind oder ihm Verant-
wortungen (z.B. hinsichtlich Gefährdung Dritter) auferlegen, die er glaubt,
nicht übernehmen zu dürfen.

[5] Anzeige- und Abmahnungspflichten sind namentlich auch in folgenden Bestimmungen vorgesehen: Art. 30 Abs. 4 und 5, Art. 56 Abs 3, Art. 96 Abs. 1,
Art. 110, Art. 127 Abs. 2 und Art. 136 Abs. 2 und 3.

Nebenunternehmer
Im allgemeinen
Art. 30

[4] Der Unternehmer unterrichtet die Bauleitung zuhanden eines Nebenunternehmers, der an seine Arbeit anschliesst, über Besonderheiten seiner Arbeit,
die der Nebenunternehmer nicht kennen kann, aber zur richtigen Ausführung
der eigenen Arbeit kennen muss. Für die Form der Anzeige gilt Art. 25 Abs. 2.

[5] Erkennt der Unternehmer Mängel oder Verzögerungen bei der Arbeit eines
Nebenunternehmers, welche Einfluss auf die vertragsgemässe Ausführung der
eigenen Arbeit haben können, so macht er der Bauleitung rechtzeitig Anzeige;
andernfalls hat er die sich für seine Arbeit ergebenden Folgen zu tragen. Für
die Form der Anzeige gilt Art. 25 Abs. 2.

Vertreter der Bauleitung
Art. 35

[2] Die Bauleitung teilt dem Unternehmer ebenfalls mit, welche Personen ermächtigt sind, Mitteilungen und Willensäusserungen des Unternehmers, insbesondere Anzeigen und Abmahnungen (Art. 25), rechtsverbindlich entgegen-
zunehmen.

Genügt der Unternehmer der in Art. 365 Abs. 3 OR stipulierten *Anzeigepflicht,* lässt der Besteller aber die erhaltenen Mitteilungen unberücksichtigt und beharrt er auf der Ausführung des Werkes nach seinen Angaben, so kann der Unternehmer bei Verlust des Werkes die Vergütung der bereits geleisteten Arbeit und der im Lohne nicht
eingeschlossenen Auslagen verlangen und darüber hinaus, wenn den
Besteller ein Verschulden trifft, Schadenersatz fordern (Art. 376 Abs. 3
OR).

e) Der Unternehmer ist nicht nur gehalten, das bestellte Werk abmachungsgemäss herzustellen, er muss es auch **rechtzeitig** in Angriff nehmen und **termingemäss** abliefern (Art. 366 Abs. 1 OR); denn mit zur Erfüllung des Werkvertrages gehört auch die Ablieferung des verfertigten Gutes (SJZ 52, 295).

Saumseliges Verhalten des Unternehmers hat sich der Besteller nicht gefallen zu lassen; das Gesetz gibt ihm die Möglichkeit, vom Vertrag zurückzutreten oder unter gewissen Voraussetzungen das Werk durch einen Dritten vollenden zu lassen (Art. 366 OR). Der sich im Leistungsverzug befindende Unternehmer wird überdies schadenersatzpflichtig (Art. 103 OR).

> Ein Bauunternehmer verpflichtete sich zur *Verlegung eines Unterlagbodens* bis zu einem von den Parteien fixierten Datum. Er sicherte die Lieferung rasch austrocknender Böden zu, was Voraussetzung für die Anbringung der Fertigbeläge bis zum Bezugstermin der Liegenschaft war. Die Böden trockneten nicht erwartungsgemäss, und es waren zusätzliche Isolationsarbeiten notwendig. Das Gericht bejahte die Schadenersatzpflicht des Unternehmers und erklärte die Ansetzung einer Nachfrist durch den Besteller für nicht erforderlich, da ein sogenanntes Fixgeschäft vorliege. Der Einwand des Unternehmers, ungünstiges Wetter habe die Austrocknung verzögert, wurde nicht gehört: Wer die Fertigstellung eines Werkes auf einen bestimmten Zeitpunkt verspricht, muss mit der Ungunst der Witterung rechnen.
>
> ZBJV 76, 559

Zur Verpflichtung des Unternehmers, für einen ununterbrochenen und ausgiebigen Arbeitsbetrieb auf dem Bauplatz durch den Einsatz einer genügenden Zahl tüchtiger Arbeiter zu sorgen, wird in der massgebenden SIA Norm 118, Ausgabe 1977/1991, Art. 95 folgendes festgehalten:

Art. 95

[1] *Der Unternehmer trifft alle erforderlichen Massnahmen zur Einhaltung der vertraglichen Fristen.*

[2] Zeigt es sich bei der Ausführung der Arbeit, dass vertragliche Fristen ohne zusätzliche Vorkehren nicht eingehalten werden können, so trifft der Unternehmer rechtzeitig und von sich aus, jedoch unter Anzeige an die Bauleitung, alle zusätzlich notwendigen Vorkehren, die zumutbar sind; zum Beispiel passt er die Baustelleneinrichtung zweckmässig an, erhöht die Zahl der Arbeiter oder arbeitet mit zusätzlichen Schichten. Die Mehrkosten trägt der Unternehmer.

[3] Werden indessen zusätzliche Vorkehren zur Einhaltung der Fristen ohne Verschulden des Unternehmers erforderlich, so trifft er sie nur mit Einwilligung

der Bauleitung. In diesem Falle trägt der Bauherr die nachgewiesenen Mehrkosten. Verweigert die Bauleitung die Einwilligung, so ist der Unternehmer zur
Vornahme der Vorkehren nicht verpflichtet.

Allgemein ist es in der Baubranche üblich, für Terminüberschreitungen
Konventionalstrafen festzulegen. Hiezu SIA Norm 118, Ausgabe
1977/1991:

Konventionalstrafen und Prämien
Art. 98
[1] Für die Überschreitung vertraglicher Fristen können im Werkvertrag angemessene Konventionalstrafen, für deren Unterschreitung Prämien vereinbart
werden.
[2] Die Konventionalstrafe ist nicht geschuldet, wenn der Unternehmer Anspruch
auf Fristerstreckung hat (Art. 94 Abs. 2, Art. 96).
[3] Die Zahlung der Konventionalstrafe befreit nicht von den andern vertraglichen Verpflichtungen, wird aber auf einen zu leistenden Schadenersatz ange-
rechnet.

Die für Nichteinhaltung der Erfüllungszeit vereinbarte Konventionalstrafe geht unter, wenn der Besteller sie nicht spätestens bei der Ablieferung des Werkes geltend macht, Art. 160 Abs. 2 und Art. 372 OR
(BGE 97 II 350).

f) Das Risiko des **zufälligen Untergangs des Werkes** trägt der
Unternehmer entsprechend dem werkvertraglichen Grundsatz, dass er
es erst mit der **Ablieferung des Werkes** erfüllt habe. Eine Einschränkung erfährt diese Regel für den Fall, dass der Besteller sich mit der Annahme im Verzug befindet (Art. 376 Abs. 2 OR).

Die Bestimmungen des Art. 376 finden ihre sinngemässe Ergänzung
durch Art. 378, welcher erklärt, dass der Unternehmer Anspruch auf
Vergütung der geleisteten Arbeit und der im Preis nicht inbegriffenen
Auslagen hat, wenn die Vollendung des Werkes durch einen beim *Besteller eingetretenen Zufall unmöglich* wurde. Ist diese Unmöglichkeit
auf ein Verschulden des Bestellers zurückzuführen, so kann der Unternehmer überdies Schadenersatz fordern.

2. Den mannigfachen Verpflichtungen des Unternehmers steht
als *hauptsächlichstes Äquivalent* der Anspruch auf Werklohn gegenüber. Ihm ist ein eigener Abschnitt gewidmet (S. 45 ff.)

3. Gestützt auf allgemeine, für zweiseitige Verträge anwendbare obligationenrechtliche Bestimmungen hat der Unternehmer die Befugnis, vom Vertrag *zurückzutreten,* wenn der Besteller *zahlungsunfähig* geworden ist (Art. 83 OR), sich im Verzug befindet (z.B. in der Zurverfügungstellung des zu verarbeitenden Materials oder einer zu überbauenden Parzelle), ferner die Annahme des fertiggestellten Werkes verweigert oder vereinbarte Zahlungen nicht fristgemäss erbringt (Art. 107/109 OR).

Sofern die Vertragsparteien sich der SIA Norm 118, Ausgabe 1977/1991, unterstellten, gilt folgendes:

Zahlungsverzug des Bauherrn
Art. 190

[1] Der Bauherr leistet fällige Zahlungen innerhalb von dreissig Tagen, sofern nicht in der Vertragsurkunde eine andere Zahlungsfrist vereinbart ist (Art. 21 Abs. 3). Nach Ablauf dieser Frist verliert er für die betreffende Zahlung einen allfällig vereinbarten Anspruch auf Skontoabzug. Ausserdem kann ihn der Unternehmer durch Mahnung in Verzug setzen (Art. 102 Abs. 1 OR). Von diesem Zeitpunkt an schuldet er Verzugszins. Massgebend ist der am Zahlungsort übliche Zinssatz für bankmässige Kontokorrent-Kredite an Unternehmer.

[2] Der Unternehmer kann dem Bauherrn, der im Verzug ist, eine angemessene Nachfrist ansetzen (Art. 107 Abs. 1 OR). Läuft diese ab, ohne dass der Bauherr Zahlung geleistet hat, so kann der Unternehmer, wenn er dies unverzüglich erklärt, den Vertrag auflösen. In diesem Falle hat er das Werk nicht zu vollenden; er hat Anspruch auf Vergütung der erbrachten Leistung gemäss Werkvertrag samt Verzugszins; bei Verschulden des Bauherrn hat der Unternehmer ausserdem Anspruch auf Ersatz des wegen der vorzeitigen Beendigung entgehenden Gewinnes.

[3] Die Ansetzung einer Nachfrist ist in den Fällen von Art. 108 OR nicht erforderlich, namentlich dann nicht, wenn aus dem Verhalten des Bauherrn hervorgeht, dass sie sich als nutzlos erweisen würde.

III. Pflichten und Rechte des Bestellers

Schon die in Art. 363 OR enthaltene und bereits früher besprochene Definition des Werkvertrages enthält als *wesentliches Element die vom Besteller zu leistende Vergütung.* Unter den durch die Art. 372 ff. normierten *«Pflichten des Bestellers»* steht die *Bezahlung des Werklohnes* an erster Stelle. *Fällig* wird der Werklohn nach geschehener Zurverfügungstellung des Werkes. Er ist, wie beim Kauf, «Zug um Zug» zu leisten. Ist das Werk in Teilen zu liefern und die Vergütung nach Teilen bestimmt, so hat die Zahlung für jeden Teil bei dessen Ablieferung zu erfolgen (Art. 372 Abs. 2 OR).

Bei bedeutenden Werken, insbesondere bei Bauten, sind Teilzahlungen, die nach dem Arbeitsfortschritt zu erbringen sind, üblich (SIA Norm 118, Ausgabe 1977/1991, Art. 144 und 145). Dadurch wird die dem Unternehmer durch das Gesetz auferlegte, unter Umständen gefahrvolle *Vorleistungspflicht* gemildert. Eine andere Sicherungsmöglichkeit bietet ihm das Gesetz in der Form des Bauhandwerkerpfandrechtes (Art. 837 ff. ZGB).

Zu bezahlen sind der *vereinbarte Lohn* und, falls diesbezügliche Abmachungen fehlen, der *nach Massgabe des Wertes der Arbeit* und der *Aufwendungen des Unternehmers festzusetzende Preis* (Art. 374 OR).

Der Besteller hat das Recht, aber nicht die Pflicht, zu *prüfen,* ob das vollendete Werk *vertragsmässig* hergestellt wurde. Art. 367 OR erklärt, dass die Prüfung zu erfolgen habe, «sobald es nach dem üblichen Geschäftsgange» tunlich sei. Vorhandene Mängel sind dem Unternehmer zu melden. Bei *Bauwerken* erfolgt die Prüfung, wenn die Parteien die SIA Norm 118 für verbindlich anerkennen, regelmässig gemeinsam durch den Unternehmer und den Bauherrn bzw. dessen Vertreter, den Architekten. Zeigen sich keine Mängel, so wird die Baute als *vorläufig* abgenommen betrachtet. Die endgültige Abnahme erfolgt nach Ablauf der Garantiefrist.

Die einschlägigen Bestimmungen der SIA Norm 118, Ausgabe 1977/1991, lauten folgendermassen:

Abnahme des Werkes und Haftung für Mängel

Abnahme

Gegenstand und Wirkung

Art. 157

[1] Gegenstand der Abnahme kann das vollendete Werk (Art. 1) sein oder, falls sich aus dem Werkvertrag nicht etwas anderes ergibt, auch ein in sich geschlossener vollendeter Werkteil.

[2] Mit der Abnahme ist das Werk (oder der Werkteil) abgeliefert. Es geht in die Obhut des Bauherrn über; dieser trägt fortan die Gefahr. Sowohl die Garantie- als auch die Verjährungsfrist für Mängelrechte des Bauherrn beginnen zu laufen (Art. 172 Abs. 2, Art. 180 Abs. 1).

Anzeige der Vollendung; gemeinsame Prüfung

Art. 158

[1] Der Unternehmer leitet die Abnahme dadurch ein, dass er der Bauleitung die Vollendung des Werkes oder eines in sich geschlossenen Werkteils (Art. 157 Abs. 1) anzeigt. Die Anzeige erfolgt mündlich oder schriftlich. Nimmt indessen der Bauherr ein vollendetes ganzes Werk von sich aus in Gebrauch (z.B. zum Weiterbau), so wird es gleich gehalten, wie wenn die Anzeige in diesem Zeitpunkt erfolgt wäre.

[2] Auf die Anzeige hin wird das Werk (oder der Werkteil) von der Bauleitung gemeinsam mit dem Unternehmer innert Monatsfrist geprüft. Der Unternehmer nimmt an der Prüfung teil und gibt die erforderlichen Auskünfte. Die Bauleitung kann Belastungsproben und andere Prüfungen nach Art. 139 Abs. 1 und 2 anordnen.

[3] Über das Ergebnis der Prüfung wird in der Regel ein Protokoll aufgenommen und sowohl von der Bauleitung als auch vom Unternehmer durch Unterzeichnung anerkannt. Das Protokoll hält den Zeitpunkt fest, an dem die Prüfung abgeschlossen wurde.

Abnahme des geprüften Werkes

Abnahme des mängelfreien Werkes

Art. 159

Zeigen sich bei der gemeinsamen Prüfung (Art. 158 Abs. 2) keine Mängel (Art. 166), so ist das Werk (oder der Werkteil) mit Abschluss der Prüfung abgenommen.

Abnahme bei unwesentlichen Mängeln

Art. 160

Zeigen sich bei der gemeinsamen Prüfung (Art. 158 Abs. 2) Mängel, die im Verhältnis zum ganzen Werk (oder Werkteil) unwesentlich sind, so findet die Abnahme gleichwohl mit Abschluss der gemeinsamen Prüfung statt; doch hat der Unternehmer die festgestellten Mängel innert angemessener Frist, die der Bauherr ansetzt, zu beheben (Art. 169).

Zurückstellung bei wesentlichen Mängeln

Art. 161

[1] Zeigen sich bei der gemeinsamen Prüfung (Art. 158 Abs. 2) wesentliche Mängel, so wird die Abnahme zurückgestellt. Trotz der Zurückstellung kann das Werk (oder der Werkteil) dem Bauherrn in gegenseitigem Einverständnis zum Weiterbau oder zur Ingebrauchnahme überlassen werden.

[2] Der Bauherr setzt dem Unternehmer ohne Versäumnis eine angemessene Frist zur Behebung der Mängel.

[3] Der Unternehmer beseitigt die Mängel innerhalb der angesetzten Frist und zeigt dem Bauherrn den Abschluss der Verbesserung unverzüglich an. Darauf werden die beanstandeten Bauteile innert Monatsfrist nochmals gemeinsam geprüft. Zeigen sich keine wesentlichen Mängel mehr, so ist das Werk (oder der Werkteil) mit Abschluss dieser Prüfung abgenommen.

Abnahme trotz wesentlicher Mängel

Art. 162

Trotz wesentlicher Mängel erfolgt die Abnahme:

— wenn der Bauherr nach Abschluss der gemeinsamen Prüfung (Art. 158 Abs. 2) nicht ohne Versäumnis Frist zur Behebung der festgestellten wesentlichen Mängel ansetzt (Art. 161 Abs. 2); alsdann gilt das Werk (oder der Werkteil) trotz dieser Mängel mit Abschluss der Prüfung als abgenommen; der Bauherr bleibt aber berechtigt, die Beseitigung der Mängel zu verlangen und gegebenenfalls die übrigen Mängelrechte gemäss Art. 169 und Art. 171 geltend zu machen;

— wenn sich bei der nochmaligen Prüfung nach Ablauf der gemäss Art. 161 Abs. 2 angesetzten Verbesserungsfrist immer noch wesentliche Mängel zeigen und der Bauherr nicht ohne Versäumnis, gestützt auf Art. 169, entweder weiterhin auf der Verbesserung beharrt oder vom Vertrag zurücktritt; alsdann gilt das Werk (oder der Werkteil) trotz dieser Mängel mit Abschluss der nochmaligen Prüfung (Art. 161 Abs. 3) als abgenommen, jedoch unbeschadet der Mängelrechte des Bauherrn (Art. 169, Art. 171);

— wenn der Bauherr sein Minderungsrecht gemäss Art. 169 Abs. 1 Ziff. 2 ausübt; alsdann wird das Werk (oder der Werkteil) zugleich mit der Minderungserklärung abgenommen, sofern die Abnahme nicht schon früher stattgefunden hat.

Abnahme bei Verzicht auf die Geltendmachung von Mängeln

Art. 163

[1] Hat die Bauleitung bei der gemeinsamen Prüfung (Art. 158 Abs. 2) einen Mangel zwar erkannt, auf dessen Geltendmachung aber ausdrücklich oder stillschweigend verzichtet, so gilt das Werk (oder der Werkteil) für den Mangel, soweit er erkannt wurde, als genehmigt. Der betreffende Mangel hindert in keinem Falle, dass die Abnahme mit Abschluss der Prüfung eintritt; für ihn entfällt die Haftung des Unternehmers in dem Umfang, als der Mangel von der Bauleitung erkannt wurde.

[2] Stillschweigender Verzicht wird vermutet für erkannte Mängel, die ein allfälli-

ges Prüfungsprotokoll (Art. 158 Abs. 3) nicht aufführt; ferner für Mängel, die bei der gemeinsamen Prüfung offensichtlich waren, jedoch nicht geltend gemacht wurden. Im zweiten Falle ist die Vermutung unwiderleglich.

Abnahme ohne Prüfung

Art. 164

[1] Unterbleibt nach Anzeige der Vollendung (Art. 158 Abs. 1) die gemeinsame Prüfung innert Monatsfrist deswegen, weil entweder keine der Parteien die Prüfung verlangt oder von seiten des Bauherrn die Mitwirkung unterlassen wird, so gilt das Werk (oder der Werkteil) mit Ablauf dieser Frist dennoch als abgenommen.

[2] Keine Abnahme findet jedoch statt, solange die gemeinsame Prüfung deswegen unterbleibt, weil der Unternehmer die Mitwirkung unterlässt.

[3] Unterbleibt nach Anzeige der Verbesserung (Art. 161 Abs. 3) die nochmalige Prüfung des Werkes (oder des Werkteils) innert Monatsfrist, so gelten Abs. 1 und 2 sinngemäss.

Haftung für Mängel

Grundsatz

Art. 165

[1] Der Unternehmer haftet dafür, dass sein Werk (Art. 1) keine Mängel im Sinne von Art. 166 aufweist.

[2] Er haftet ohne Rücksicht auf die Ursache des Mangels (z.B. unsorgfältige Arbeit, Verwendung untauglichen Materials, eigenmächtiges Abweichen von Plänen und Vorschriften der Bauleitung) und unabhängig vom Verschulden. Vorbehalten bleiben Art. 166 Abs. 4 (Verschulden des Bauherrn oder der Bauleitung) und Art. 171 Abs. 2 (Schadenersatzpflicht des Unternehmers nur bei Verschulden).

Begriff des Mangels

Art. 166

[1] Mangel des Werkes im Sinne dieser Norm ist nur eine Abweichung des Werkes vom Vertrag (sei es ein «Mangel» oder eine «sonstige Abweichung vom Vertrag» gemäss Art. 368 OR).

[2] Der Mangel besteht entweder darin, dass das Werk eine zugesicherte oder sonstwie vereinbarte Eigenschaft nicht aufweist; oder darin, dass ihm eine Eigenschaft fehlt, die der Bauherr auch ohne besondere Vereinbarung in guten Treuen erwarten durfte (z.B. Tauglichkeit des Werkes für den vertraglich vorausgesetzten oder üblichen Gebrauch).

[3] Wird ein vollendeter Werkteil gesondert abgenommen (Art. 157 Abs. 1), so gilt als Mangel jede Abweichung dieses Teils vom Vertrag.

[4] Kein Mangel ist ein vertragswidriger Zustand des Werkes (oder Werkteils), den ausschliesslich der Bauherr oder eine Hilfsperson des Bauherrn (z.B. die Bauleitung) verschuldet hat (Selbstverschulden, Art. 369 OR), insbesondere

III. Pflichten und Rechte des Bestellers 41

ein Zustand, der auf einen Fehler in den Ausführungsunterlagen (Art. 99 ff.) zurückzuführen ist. Kein Selbstverschulden des Bauherrn liegt vor, wenn der Unternehmer seine Anzeige- oder Abmahnungspflicht (Art. 25) verletzt hat.

Haftung des Unternehmers in besonderen Fällen
Selbst vorgeschlagene und berechnete Konstruktionen oder Ausführungsarten
Art. 167
Der Unternehmer haftet namentlich auch für Mängel seines Werkes (Art. 1), die verursacht sind durch von ihm vorgeschlagene Konstruktionen oder Ausführungsarten sowie durch seine statische Berechnung und konstruktive Bearbeitung. Dagegen haftet er nicht für die Richtigkeit der durch den Bauherrn bekanntgegebenen Anforderungen, Gegebenheiten und Annahmen.

Arbeiten von Subunternehmern, Regiearbeiten und Arbeiten mit vorgeschriebenen Baustoffen
Art. 168
Für Arbeiten seiner Subunternehmer haftet der Unternehmer gemäss Art. 29 Abs. 2 und 5. Bezüglich der Haftung für Regiearbeiten gilt Art. 57. Für Arbeiten mit vorgeschriebenen Baustoffen gilt Art. 136 Abs. 2.

Rechte des Bauherrn bei Mängeln (Mängelrechte)
Recht auf Verbesserung, Minderung und Rücktritt
Art. 169
Bei jedem Mangel hat der Bauherr (abgesehen vom Schadenersatzrecht nach Art. 171) zunächst einzig das Recht, vom Unternehmer die Beseitigung des Mangels innerhalb angemessener Frist zu verlangen (Recht auf Verbesserung, Art. 160, Art. 161 Abs. 2, Art. 162, Art. 174 Abs. 2, Art. 179 Abs. 2). Soweit der Unternehmer Mängel innerhalb der vom Bauherrn angesetzten Frist nicht behebt, ist der Bauherr berechtigt, nach seiner Wahl:

1. entweder weiterhin auf der Verbesserung zu beharren; dies jedoch nur dann, wenn die Verbesserung im Verhältnis zu seinem Interesse an der Mängelbeseitigung nicht übermässige Kosten verursacht (Art. 368 Abs. 2 OR). Der Bauherr kann die Verbesserung statt durch den Unternehmer auch durch einen Dritten ausführen lassen oder sie selbst vornehmen, beides auf Kosten des Unternehmers (Art. 170)

2. oder einen dem Minderwert des Werkes entsprechenden Abzug von der Vergütung zu machen (Minderung, Art. 368 Abs. 2 OR). Hat der Bauherr (oder eine Hilfsperson des Bauherrn) den Mangel mitverschuldet, so ist der Abzug entsprechend zu verringern

3. oder vom Vertrag zurückzutreten; dies jedoch nur dann, wenn die Entfernung des Werkes nicht mit unverhältnismässigen Nachteilen für den Unternehmer verbunden ist und die Annahme dem Bauherrn nicht zugemutet werden kann (Art. 368 Abs. 1 und 3 OR). Mit dem Rücktritt wird der Bauherr

von der Pflicht zur Leistung einer Vergütung befreit; bereits bezahlte Vergütungen kann er zurückfordern. Das Werk steht dem Unternehmer zur Verfügung; es kann vom Bauherrn aus dem Grundstück entfernt werden, und zwar auf Kosten des Unternehmers, wenn dieser die Entfernung nicht innerhalb einer angemessenen Frist selbst vornimmt.

[2] Hat sich der Unternehmer ausdrücklich geweigert, eine Verbesserung vorzunehmen, oder ist er hiezu offensichtlich nicht imstande, so stehen dem Bauherrn die Mängelrechte gemäss Abs. I Ziff. I–3 schon vor Ablauf der Verbesserungsfrist zu.

Befriedigt die Instandstellung durch den Unternehmer nicht, so hat der Besteller nach Art. 107 Abs. 2 OR nochmals die Wahl zwischen *drei Möglichkeiten: Wandelung, Minderung oder Verbesserung* (SJZ 57, Nr. 144, S. 357). Bestehen die Voraussetzungen des Wandelungsrechts nicht (Art. 368 Abs. 3 OR), so muss er sich entscheiden, ob er den Minderungsanspruch geltend machen oder eine nochmalige Verbesserung verlangen will (BGE 89 II 236).

Wenn der Besteller die vom Experten erwähnten *Instandstellungskosten* als Schadenersatzforderung einklagt, hat er das ihm als Besteller zustehende Wahlrecht zwischen Mindnerung und Verbesserung *unwiderruflich* ausgeübt.

Luzerner Maximen 1972, S. 88, Nr. 74

Seitens des Bestellers eines mangelhaften Werkes ist versucht worden, *alternativ* die allgemeine Schadenersatzklage auf Art. 97ff. OR abzustützen und sich zusätzlich auf die Gewährleistungsansprüche gemäss Art. 367/371 OR zu berufen. Es liege, so liess er behaupten, kein Werkmangel im Sinne von Art. 371 OR, sondern eine *Nichterfüllung* vor, und diese könne jederzeit geltend gemacht werden, *unterstehe somit nicht den Verjährungs- und Verwirkungsfristen des Werkvertragsrechtes.* Das Bundesgericht hat diese Argumentation unter Hinweis auf Art. 368 OR, welcher *ausdrücklich von Mängeln oder sonstigen Abweichungen vom Vertrag spreche,* abgelehnt. Wenn der Unternehmer im konkreten Fall auf den nackten Betonboden Lentolit, statt gemäss Baubeschrieb einen Zementanspritz, Grundputz und Abrieb angebracht hatte, so handle es sich nicht um eine unrichtige Vertragserfüllung, sondern um vorhandene Mängel.

BGE 100 II 30 ff., mit zahlreichen Literaturhinweisen

Zur gleichen Frage die folgenden Ausführungen, entnommen einem in ZR 76 Nr. 105 veröffentlichten Urteil des Obergerichtes des Kantons Zürich:

> Kein Zweifel kann nach Doktrin und Rechtsprechung darüber bestehen, dass bei *Mängeln des Werkes ausschliesslich* die Rechtsfolgen von Art. 368 OR zur Anwendung kommen und es dem Besteller nicht freisteht, ob er sich auf die Spezialvorschriften zur Mangelhaftigkeit eines Werkes oder aber auf die allgemeinen Bestimmungen über den Schuldnerverzug berufen will (Hinweis auf das vorerwähnte Bundesgerichtsurteil BGE 100 II 32/33); wenn ein Werk im Lichte der vertraglichen Abreden als unvollendet erscheine, würden nicht die Gewährleistungsregeln, sondern die Bestimmungen über den Schuldnerverzug zur Anwendung gelangen (GAUCH Nr. 382). Das Prinzip der Spezialität der Mängelhaftung (BGE 100 II 32) stehe dem – weil einen Mangel voraussetzend – nicht entgegen. Zum Verhältnis zwischen Sachgewährleistung (Art. 197 ff. OR) und nicht gehöriger Erfüllung (Art. 97 ff. OR) äussert sich sehr einlässlich Hans GIGER im Kommentar zum Schweizerischen Privatrecht, «Kauf und Tausch», 1. Teilband, 2. Lieferung, S. 308–324.

Bei *Mangelhaftigkeit* des Werkes muss der Werklohn nicht bezahlt werden. Macht der Besteller indessen wegen vorhandener Mängel *einen Abzug am Werklohn* geltend, so ist er verpflichtet, die restliche Werklohnforderung bei Übergabe des Werkes zu bezahlen. Leidet das Werk an so erheblichen Mängeln, dass es für den Besteller unbrauchbar ist oder dass ihm billigerweise die Übernahme nicht zugemutet werden kann, so darf er diese verweigern und bei Verschulden des Unternehmers *Schadenersatz* fordern (Art. 368 Abs. 1 OR).

Den Rücktritt vom Vertrag hat das Bundesgericht dem Besteller auch zugestanden, wenn der Unternehmer entgegen dem abgegebenen Versprechen nicht willens oder fähig war, die technischen Mängel (unentgeltlich) zu beheben (BGE 98 II 121/122).

Schliesslich ist in diesem Zusammenhang auch das *Recht zum Rücktritt* vom Vertrag des Bestellers zu erwähnen, das nach Art. 375 OR gewährt wird, wenn der Unternehmer den verabredeten ungefähren Kostenansatz ohne Zutun des Bestellers unverhältnismässig überschreitet. Für Bauten, die auf Grund und Boden des Bestellers errichtet werden, enthält diese Bestimmung eine *Sonderregelung*: Der Besteller kann im Falle unverhältnismässiger *Kostenüberschreitung* eine angemessene *Herabsetzung des Lohnes* verlangen oder, wenn die Baute noch nicht vollendet ist, gegen billigen Ersatz der bereits ausgeführten

Arbeiten dem Unternehmer die Fortführung entziehen und vom *Vertrage zurücktreten.*

Die mit der Bestimmung und Fälligkeit des *Werklohnes,* der *Gewährleistung und Mängelrüge* sowie dem *Bauhandwerkerpfandrecht* zusammenhängenden Fragen betreffen gleicherweise Unternehmer und Besteller. Darum erscheint es richtig, sie gesondert zu behandeln.

IV. Der Werklohn

Dass über die *Höhe des Werklohnes* keine Abmachungen bestehen, ist wohl eher selten; denn auf der einen Seite will der Besteller vor Geschäftsabschluss wissen, wie teuer ihn das zu vergebende Werk zu stehen kommt, und anderseits möchte der Unternehmer vor Inangriffnahme der Arbeit darüber im klaren sein, was diese schliesslich einträgt. Für Arbeiten geringeren Umfanges, wie kleine Reparaturen, mag die Frage des Entgelts von den Parteien ab und zu übergangen werden. Das bedeutet aber nicht, dass der Unternehmer bei der Fakturierung seiner Bemühungen freie Hand hätte. Seine Kalkulation muss sich vielmehr im Rahmen des Orts- und Branchenüblichen bewegen und einer sachverständigen Prüfung standhalten, wobei in diesem Zusammenhang auf Art. 374 OR hinzuweisen ist, der erklärt, dass bei fehlender Preisabmachung oder bloss ungefährer Preisbestimmung der Werklohn nach Massgabe des *Wertes der Arbeit und der Aufwendungen des Unternehmers* festzusetzen ist.

Art. 360, Art. 374 und 376 OR. Festsetzung des von den Parteien betragsmässig nicht bestimmten Werklohnes.
Keine der beiden Parteien macht geltend, der Werklohn für die Erstellung des Kachelofens und die damit verbundenen Arbeiten am Kochherd und an den Wandplatten sei im voraus genau oder auch nur ungefähr bestimmt worden. Es ist deshalb davon auszugehen, dass die geschuldete Vergütung überhaupt nicht festgesetzt wurde. Der Werklohn muss daher nach Massgabe des Wertes der Arbeit und der Aufwendungen des Klägers festgesetzt werden (Art. 374 OR). Er muss selbstverständlich auch einen angemessenen Unternehmergewinn enthalten, denn der Werkvertrag ist grundsätzlich entgeltlich (GAUTSCHI, Kommentar, N. 4 a zu Art. 374 OR). Nach Art. 8 ZGB hat der Kläger als Unternehmer die Grundlagen nachzuweisen, auf die sich der Richter bei der Festsetzung der angemessenen Vergütung stützen muss. Er kann diese Beweispflicht einerseits dadurch erfüllen, dass er den objektiven Wert des vollendeten und mängelfreien Werkes nachweist; anderseits kann er ihr aber auch dadurch genügen, dass er die Grösse seiner konkreten Aufwendungen (Arbeits- und Materialaufwand, Transport- und Nebenkosten, Anteil an den allgemeinen Geschäftsunkosten usw.) beweist. Dabei ist der rechtsgenügliche Nachweis erbracht, wenn der Richter auf Grund beider Elemente zusammen

den angemessenen Werklohn bestimmen kann. Bei dieser Entscheidung
kommt dem Richter zwangsläufig ein gewisser Ermessensspielraum zu.
Luzerner Gerichts- und Verwaltungsentscheide I. Teil: Obergericht
(Maximen) 1977 I, Nr. 360, S. 419.

Bei Werken grössern Umfanges – das gilt insbesondere für die Leistungen des Baugewerbes – sind Abmachungen bezüglich der Höhe des
Werklohnes allgemein gebräuchlich. Dabei können hauptsächlich
zwei Arten von Preisvereinbarungen unterschieden werden:

> *Übernahme zu einem festen Pauschalpreis und*
> *Werkerstellung auf Grund eines ungefähren Kostenansatzes*
> *oder zu Einheitspreisen.*

1a) Die Übernahme zu einem festen Pauschalpreis

Der Besteller, der sich mit der Absicht trägt, ein bedeutenderes Bauwerk, z.B. ein Wohnhaus, errichten zu lassen, hat in der Regel nicht
nur eine bestimmte Vorstellung von dessen Grösse, Einteilung und
äusserer Gestalt, er rechnet auch mit einem ungefähren Preis, den er aus-
legen möchte. Weil er aber weiss, dass gerade beim Hausbau aus mannigfachen Gründen Kostenüberschreitungen vorkommen, ist er an der
Fixierung *eines sämtliche Arbeiten einschliessenden Pauschalpreises*
interessiert. Darum wird er mit einem *Generalunternehmer* (Baumeister, Architekt oder Handwerkergruppe) eine entsprechende Abmachung treffen, die, ergänzt durch einen Baubeschrieb und -pläne, alle
vom Unternehmer zu erbringenden Leistungen aufführt und als Entgelt
einen *globalen Betrag* nennt. Damit ist jedenfalls auf seiner Seite in der
Regel jegliches Preisrisiko ausgeschaltet; denn Art. 373 OR sagt, dass
bei zum voraus genau bestimmter Vergütung der Unternehmer verpflichtet ist, das Werk um diese Summe fertigzustellen, und keine
Erhöhung fordern darf, selbst wenn er mehr Arbeit oder grössere Auslagen gehabt hat, als vorgesehen waren.

Die in Art. 373 OR ausgesprochene Regel gilt – von einer später noch
zu besprechenden seltenen Ausnahme (S. 61 ff.) abgesehen – absolut.
Sie hat ihren guten Sinn, obgleich sie den Unternehmer gelegentlich hart
trifft. Von ihm darf aber erwartet werden, dass er als Fachmann in der
Lage ist, die Herstellungskosten einigermassen vorauszusehen und zu
berechnen und, gestützt auf seine Erfahrung, vorhandene Risiken

einzukalkulieren. Wenn einzelne Unternehmer, um die Konkurrenz auszustechen, knapp rechnen, erscheint es nur recht und billig, dass sie allfällige nachteilige Folgen solchen Handelns tragen müssen. Vielleicht finden sie den wirtschaftlichen Ausgleich bei andern Aufträgen, muss doch der Besteller auch dann den vereinbarten Pauschalpreis bezahlen, wenn die Fertigstellung des Werkes weniger Arbeit verursacht, als vorgesehen war (Art. 373 Abs. 3 OR).

Ergänzend sei auf die Artikel 40 und 41 der SIA Norm 118, Ausgabe 1977/1991, verwiesen, wo ausgeführt wird, was unter den Begriffen «Globalpreis» und «Pauschalpreis» zu verstehen ist.

Globalpreis
Art. 40
[1] Ein Globalpreis kann für eine einzelne Leistung, für einen Werkteil oder für das gesamte Werk des Unternehmers vereinbart werden. Er besteht in einem festen Geldbetrag; für die geschuldete Vergütung wird nicht auf die Menge abgestellt.

[2] Globalpreise sollen nur auf Grund vollständiger und klarer Unterlagen (detaillierte Baubeschreibung, Pläne und dergleichen) vereinbart werden. Der Unternehmer prüft allfällige Mengenangaben in den Ausschreibungsunterlagen auf ihre Übereinstimmung mit den Plänen.

[3] Für Leistungen zu Globalpreisen gelten die Bestimmungen über die Teuerungsabrechnung (Art. 64 ff.).

Pauschalpreis
Art. 41
[1] Der Pauschalpreis unterscheidet sich vom Globalpreis einzig dadurch, dass die Bestimmungen über die Teuerungsabrechnung (Art. 64 ff.) nicht anzuwenden sind.

[2] Art. 40 Abs. 2 gilt auch für Pauschalpreise.

[3] Pauschalpreise sind in den Ausschreibungsunterlagen ausdrücklich als solche zu bezeichnen (Art. 6 Abs. 2).

Der Unternehmer, welcher die Ausführung eines Werkes zu einem im voraus vereinbarten Pauschalpreis (auch etwa «Übernahme à forfait» oder «Kostenansatz mit Garantie» genannt) übernimmt, ist nach Art. 373 OR gehalten, das fragliche Werk zum vereinbarten Betrag fertigzustellen. Er darf selbst dann keinen höheren Preis fordern, wenn sich seine Kalkulation als falsch erweist, z.B. weil er aus Versehen einzelne Arbeitsleistungen unberücksichtigt liess oder weil er sich zu seinen Ungunsten verrechnete (BGE 71 II 243). Kalkulationsirrtümer gehen grundsätzlich zu Lasten des Bauunternehmers, sie sind sein Vertrags-

risiko; so Baurecht 4/71, S. 225, vgl. auch Neue Juristische Wochen-
schrift Jg. 24, S. 1425 ff.

Der Unternehmer hatte bei Berechnung des Stückpreises eines Bauele-
mentes die Höhe mit 0,53 statt 2,32 m angenommen. Das Vorliegen eines
Rechnungsfehlers nach Art. 24 Abs. 3 wurde verneint. Errechnet eine
Partei für sich selbst den Preis, den sie verlangen oder bezahlen will, und
unterläuft ihr dabei ein Fehler, begeht sie einen *Kalkulationsirrtum*. Da
die Überlegungen, die zum Preisangebot führten, dem Gegner nicht mitgeteilt wurden, kann ihm ein in diesem Stadium vorgekommener Irrtum
nicht entgegengehalten werden. Vertragsinhalt ist nur der vereinbarte
Preis, nicht aber die Art und Weise, wie er zustande kam. Anders wäre es
zu halten, wenn die Berechnungsweise offen dargelegt wurde und Gegenstand der rechtsgeschäftlichen Erklärung und gleichzeitig Vertragsinhalt
war. Dann bezieht sich der Parteiwille auch auf die Elemente der Berechnung, Praxis des Kantonsgerichtes von Graubünden (PKG) 1975, S. 32
ff., unter Hinweis auf SJZ 64, S. 254, und BGE 30 II 65 sowie 71 II 243.
Eine gegen das Urteil des Kantonsgerichtes von Graubünden ergriffene
staatsrechtliche Beschwerde wurde vom Bundesgericht abgewiesen (BGE
102 II 81).

Verbundkalkulation eines Unternehmers, der angibt, bei gleichzeitigem
Bezug von Kiessand und Frostschutzkies eine preislich günstige Liefer-
quelle gehabt zu haben. Dem Unternehmer wurde lediglich die Lieferung
des Kiessandes zugeschlagen. In seiner Offerte hatte er den Verbund des
unter verschiedenen Positionen offerierten Materials nicht erkennbar gemacht. Die Positionen standen raummässig weit auseinander (35 + 93).
Das Risiko der kalkulatorischen Verbindung von zwei Positionen, die im
Angebot nicht als Verbundkalkulation kenntlich gemacht worden sind,
trägt der Unternehmer.
Baurecht 1972, S. 381 ff.

Der Besteller hat das Recht, den Werkvertrag rückwirkend aufzulösen,
wenn der Hersteller für den Bau einer Maschine eine Offerte von
Fr. 39 000.– unterbreitete, die Gesamtkosten aber den Betrag von
Fr. 102 000.– erreichen. Bei Kenntnis des wahren Preises wäre die Bestel-
lung nicht erteilt worden.
Journal des Tribunaux 1. Teil 1973, S. 244/45

Für die Erstellung von elektrischen Anlagen vereinbarten die Parteien
einen Werklohn von Fr. 50 000.–. *Der Besteller weigerte sich, nach Werk-*
vollendung Mehrleistungen des Unternehmers zu bezahlen. Die Weige-
rung begründete er damit, dass ein ihm übergebenes Installationsschema die ursprünglich vereinbarten handwerklichen Leistungen um-

fasse. Der beigezogene Experte mass dem Installationsschema untergeordnete Bedeutung zu. Es stelle das vereinfachte Abbild eines Vorganges
oder einer Anlage dar und zeige eine betont anschauliche Darstellung unter Weglassung alles Unwesentlichen. Es komme entscheidend auf den
Werkvertrag und die tatsächlichen Ausführungspläne an. Die Mehrleistungen des Unternehmers seien ausgewiesen, und es seien weder
Bereinigungen noch Korrekturen oder Anpassungsarbeiten erfolgt. Sie
seien durch die Pauschalentschädigung nicht erfasst und müssten deshalb
separat beglichen werden.

Unveröffentlichtes Urteil des Obergerichtes des Kantons Zürich, II.
Zivilkammer, Nr. 103/1971

Bauherr vereinbart mit Generalunternehmer einen Pauschalpreis für
einen Neubau. Zusätzlich trifft der Bauherr mit dem Wasserwerk eine
Abmachung betreffend *Erstellung des Wasseranschlusses*. Die Kosten
dieses Anschlusses *schuldet* dem Wasserwerk weder Generalunternehmer noch Architekt. Vertragspartner des Werkes ist allein der Grundeigentümer, dem es überlassen bleibt, zu gegebener Zeit einen Regress auf
den Generalunternehmer auszuüben.

Basler Juristische Mitteilungen 1977, S. 67 ff.

Wenn bei einem Werkvertrag ein Pauschalpreis vereinbart wird und sich
später im Verlaufe der Ausführungen des Werkes die Notwendigkeit
zusätzlicher Arbeiten ergibt, die allerdings vom Unternehmer nicht in
seine Kalkulation aufgenommen wurden, die aber zur Werkherstellung
notwendig sind, so kann er für diese Arbeiten keine zusätzliche Entschädigung verlangen.

Repertorio di giurisprudenza patria (Bellinzona), Bd. 79, S. 163/4

Sichert der Unternehmer die Erstellung einer *schlüsselfertigen Baute* zu,
so kommt dem Baubeschrieb nur eine untergeordnete Bedeutung zu,
nämlich die einer allgemeinen Wegleitung. Unklarheiten im Baubeschrieb gehen zu Lasten des Unternehmers, der diesen aufgestellt hat.
Selbst wenn im Baubeschrieb nicht besonders erwähnt, gehören zur
schlüsselfertigen Erstellung die Erschliessungskosten, also Zuleitung
von Wasser und Strom, eine richtig funktionierende Kanalisation, ferner der zur Austrocknung notwendige Heizungsaufwand (LUTZ SJZ
37, S. 381). Ordnet der Besteller im Laufe der Bauausführung Änderungen an, so hat er diese allerdings besonders zu bezahlen. Gleich ist
es zu halten, wenn der Unternehmer Änderungen vorschlägt und der Besteller sie genehmigt (OSER Art. 373 Note 3). Weigert sich der Besteller,
zusätzliche Leistungen zu honorieren, mit der Begründung, diese seien

im Pauschalpreis eingeschlossen, so obliegt dem Unternehmer der Beweis dafür, dass nach dem übereinstimmenden Willen der Parteien die in Frage stehenden Leistungen besonders zu entschädigen sind (BGE 20, 1007).

Die Berechnung der vom Besteller bei Pauschalvergebungen zusätzlich in Auftrag gegebenen Arbeiten wird von der einschlägigen SIA Norm 118, Ausgabe 1977/1991, wie folgt geregelt:

Bestellungsänderung bei Leistungen zu Global- oder Pauschalpreisen
Art. 89

[1] Führt eine Bestellungsänderung zur Änderung einer global oder pauschal zu vergütenden Leistung oder zur Änderung ihrer Ausführungsvoraussetzungen, so wird für diese Leistung ein Mehr- oder Minderpreis als Nachtragspreis vereinbart.

[2] Bei Leistungen zu Globalpreisen wird dieser Nachtragspreis auf der Basis der ursprünglichen Kostengrundlage (Art. 62 Abs. 2) vereinbart; bei Leistungen zu Pauschalpreisen auf der Basis jener Kostengrundlage, die im Zeitpunkt der Bestellungsänderung gültig ist.

[3] Kommt bei zusätzlichen Arbeiten keine Einigung über den Nachtragspreis zustande, so gilt Art. 87 Abs. 4.

Ein Unternehmer beruft sich auf Grundlagenirrtum (Art. 24 Abs. 1 Ziff. 4 OR) und verlangt eine Mehrvergütung, weil er bei Vertragsabschluss nicht erkannt habe, dass ein Teil des von ihm offerierten Stiegengeländers eine Wendeltreppe betraf und die zugehörigen Handläufe deshalb teurer zu stehen kamen als offeriert. Das Bundesgericht hält u.a. fest: 1. Der Fall beurteilt sich nach Art. 373 Abs. 2 OR. Entscheidend ist, ob es «für die Klägerin voraussehbar war, dass nicht eine gewöhnliche, sondern eine Wendeltreppe auszuführen sei. Diese Frage ist vom Standpunkt eines sachkundigen und sorgfältigen Unternehmers aus und nach einem eher strengen Massstab zu beantworten (BGE 104 II 317).» 2. Da der Zustand des Rohbaus zur Zeit der massgebenden Ausschreibung «längst die Konstruktion einer Wendeltreppe erkennen liess, ... hätte ... die Besichtigung des Bauwerkes jedes Missverständnis ausgeschlossen», selbst wenn die übrigen Unterlagen unklar gewesen sein sollten. Der Unternehmer, der sich «nach den Vertragsbestandteil gewordenen Artikeln 7 und 16 SIA Norm 118 ... nach den Plänen und der örtlichen Situation Klarheit über den Inhalt des Auftrags zu verschaffen hatte», wäre bei gehöriger Sorgfalt in der Lage gewesen, den Inhalt der ausgeschriebenen Leistung (Wendeltreppe) zu erkennen; er kann sich daher nicht auf Art. 373 Abs. 2 OR berufen. 3. Der Unternehmer wendet ein, aufgrund der Rangfolge in Art. 7 III habe es sich erübrigt, neben dem Offertformular auf weitere Unterlagen zurückzugreifen. Das Bundesgericht entgegnet: Die Stufenfolge in Art. 7 der SIA Norm 118 gilt «nur für den Fall von Widersprüchen und macht keinesfalls eine gehörige Information entbehrlich».

BGE 109 II 337 (= BR 1985, S. 59, Nr. 47).

Sind indessen die Elemente der Pauschalpreisberechnung im Vertrag enthalten und hat sich lediglich bei der Ausrechnung ein Fehler eingeschlichen, so liegt ein sogenannter *blosser Rechnungsfehler* vor, der zu korrigieren ist und durch welchen die Verbindlichkeit der Abmachung nicht berührt wird (Art. 24 Abs. 3 OR).

1 b) Werkerstellung auf Grund eines ungefähren Kostenansatzes oder zu Einheitspreisen

Insbesondere im Baugewerbe ist es üblich, Bauwerke auf der Basis eines *ungefähren Kostenansatzes,* auch *Devis* genannt, oder auf der Grundlage von *Einheitspreisen* zu übernehmen. Die den Unternehmer bei Abmachung eines Pauschalpreises belastenden *Unsicherheitsfaktoren* werden bei diesen beiden Preisbestimmungsmethoden weitgehend ausgeschlossen. Durch Nennung der voraussichtlichen Kosten einer Baute geht der Unternehmer nicht die Verpflichtung ein, das Werk zum angegebenen Preis zu erstellen. Von ihm als in der Branche bewandertem und erfahrenem Spezialisten darf der Besteller indessen fordern, dass er die voraussichtlichen Kosten richtig berechnet, und darum räumt das Gesetz dem Besteller in Art. 375 OR das Recht ein, bei unverhältnismässiger Überschreitung des Voranschlages sowohl während als nach der Ausführung des Werkes vom Vertrag zurückzutreten.

Die Überschreitung des Kostenansatzes darf, um diese Folgen zu zeitigen, selbstverständlich nicht durch den Besteller verursacht worden sein. Der Veranlassung ist die stillschweigende oder ausdrückliche Genehmigung von Kostenüberschreitungen gleichzusetzen (BGE 17, 482).

Bei Bauten, die auf Grund und Boden des Bestellers errichtet werden, kann im Falle unverhältnismässiger Kostenüberschreitung eine angemessene Herabsetzung des Lohnes verlangt werden, oder es kann der Besteller gegen billigen Ersatz der bereits ausgeführten Arbeiten dem Unternehmer die Fortführung entziehen und vom Vertrag zurücktreten. Ein fester Massstab, was als übermässige Kostenüberschreitung zu bezeichnen ist, besteht nicht. Als Richtlinie wird etwa angenommen, ein Aufschlag, der unter 10% liege, sei erträglich. Im Einzelfall wird der

Richter zu beurteilen haben, ob eine Überschreitung im Rahmen des Zulässigen liegt oder nicht (BÜRGI, Werkvertrag III, Karte 625, S. 1, Note 2).

Wenn im Falle von Kostenüberschreitungen der Bauherr, um der Gefahr von Betreibungen und Prozessen mit Handwerkern zu begegnen, deren Forderungen begleicht, so darf der *Architekt,* der die Baukosten zu niedrig errechnete, daraus für sich keine *Genehmigung* der Kostenüberschreitung ableiten. Gab er bezüglich der Höhe der Baukosten dem Bauherrn bestimmte Zusicherungen, so haftet er grundsätzlich für diese Zusage. Der Bauherr muss sich auf die mit seinem Architekten getroffenen Abmachungen, insbesondere was die Baukosten angeht, verlassen können. Als Laie soll er Gewähr dafür haben, dass der den Bau leitende Architekt, der Fachmann ist, die Baukosten sorgfältig berechnet. Kümmert sich ein Architekt nicht um die Einhaltung des aufgestellten Kostenvoranschlages, so hat er den Vertrag verletzt und wird sowohl nach den Normen des Auftragsrechtes (Art. 397 ff. OR) als auch nach den Grundsätzen der allgemeinen Vertragslehre (Art. 97 ff. OR) *schadenersatzpflichtig,* soweit ihn ein Verschulden trifft (SJZ 53, S. 307 ff.).

Die Gerichte haben sich verhältnismässig oft mit der Frage der Haftung des Architekten betreffend *Nichteinhaltung des Kostenvoranschlages zu befassen.* Das zeigen nachstehende Urteilsauszüge:

> Wenn der Architekt lediglich auf Erfahrungszahlen oder Richtofferten abstellt, liegt kein detaillierter Kostenvoranschlag vor. Zweck einer solchen Vorausberechnung ist es, mit einiger Sicherheit die entstehenden Kosten zu eruieren. Dabei genügen die Offerten einzelner Handwerker nicht. Nachträglich eingeholte Offerten können nicht Grundlage der Kostenzusammenstellung sein, die ein früheres Datum trägt.
>
> Praxis des Kantonsgerichtes von Graubünden Jg. 1969, S. 33/34

> *Der Architekt darf seiner Kostenberechnung Kubikmeterpreise zugrunde legen, dabei muss er aber von realen Kubikmeterpreisen ausgehen.* Auch muss die Berechnung des umbauten Raumes und der Wohnfläche richtig sein. Für diesbezügliche Fehler – er hatte sich bei der Kubikmeterberechnung um 122 m³ verrechnet und eine zu bauende Garage nur unzulänglich berücksichtigt – hat er einzustehen.
>
> BR 1977, S. 426 ff.

Zu unterscheiden ist zwischen einer präzisen Kostenerfassung gemäss detailliertem Kostenvoranschlag und einer vorläufigen Kostenschätzung z.B. aufgrund von Erfahrungszahlen oder der Kostenschätzung pro m^3 umbauten Raumes oder pro m^2 Geschossfläche. Je mehr Ausführungsdetails dem Architekten zur Verfügung stehen, das gilt auch bezüglich des Ausbaustandards und der Materialwahl, desto genauer kann die voraussichtliche Bausumme geschätzt werden.

Ziff. 5.2 «Der Architekt», Handbuch für den Bauherrn, Ringheft, herausgegeben durch SIA

Dem Architekten muss bei einer überschlägigen Kostenberechnung eines Neubaus, für deren Einhaltung er keine ausdrückliche Garantie übernommen hat, ein gewisser Spielraum zugebilligt werden. Ihm ist daher nicht jede Überschreitung der Ansätze ohne weiteres als Verschulden anzurechnen (GLASER I S. 87 lit. i).

In der zweiten Auflage seines Werkes «Das Architektenrecht in der Praxis» (Herne, Berlin 1971) erwähnt HUGO GLASER, dass nach der deutschen Rechtsprechung unter Umständen Fehlschätzungen und Kostenüberschreitungen bis zu 28% nicht schuldhaft sind und darum nicht zu Schadenersatz verpflichten. Wörtlich fährt er fort: «Man wird den Architekten im allgemeinen erst dann schadenersatzpflichtig machen können, wenn die endgültigen Baukosten die veranschlagte Bausumme um mehr als 40-50% überschreiten.» Nach der Praxis des Bundesgerichtshofes müsse die veranschlagte Summe ganz erheblich überschritten werden (S. 40). Anders zu halten sei es dagegen, wenn der Architekt die Baukosten garantiert habe. Dann bestehe eine persönliche Haftung für die entstandenen Mehrkosten, und zwar ohne Rücksicht auf ein Verschulden. Beispielsweise könne der Architekt gegenüber dem Bauherrn nicht einwenden, das Bauwerk sei wegen der Überschreitung wertvoller, und damit verringere sich der Schaden. Der Architekt bleibe an sein Versprechen, das Bauwerk zu der von ihm garantierten Bausumme zu errichten, bedingungslos gebunden (S. 41 mit Hinweisen auf die deutsche Judikatur). Keine Haftung bestehe für eine unvorhergesehene Preissteigerung sowie für nachträgliche Sonderwünsche des Bauherrn, die Mehrkosten verursachten. Immerhin sei es Pflicht des Architekten, den Bauherrn auf die finanziellen Folgen solcher Sonderwünsche hinzuweisen (S. 42).

Mit der Aufstellung eines Kostenvoranschlages verpflichtet sich ein Architekt nicht, bei Ausführung der Baute den devisierten Betrag unter allen Umständen einzuhalten, weil sich erfahrungsgemäss trotz gewissenhafter Berechnung gewisse Schwankungen nicht vermeiden lassen. Nur eine wesentliche Überschreitung des Kostenvoranschlages kann zu einer Schadenersatzpflicht des Architekten führen. Nach Übereinstimmung verschiedener Autoren muss der Bauherr eine Überschreitung um rund 10%

in Kauf nehmen. Bei einer Kostenüberschreitung von ca. 10,58% kann um so weniger gesagt werden, der Architekt habe den Kostenvoranschlag wesentlich überschritten, als die Schwierigkeiten der Bauaufgabe und das ganze Baugeschehen zu berücksichtigen sind. Im Hinblick auf die vom Bauherrn immer neu geäusserten Bauwünsche durfte der Architekt nach Treu und Glauben annehmen, die Kostenfrage trete für den Bauherrn etwas in den Hintergrund.

ZBJV 86, S. 540, mit Hinweisen auf BGE 28 II 542 und KREIS, S. 122

Der Architekt haftet lediglich für jene Mehrkosten, die den Kostenvoranschlag um 10% übersteigen.

Unveröffentlichtes Urteil des Obergerichtes des Kantons Schaffhausen vom 10.11.1978

Die Regel, wonach der Architekt bei einer Überschreitung des Kostenvoranschlages um 10% für die Mehrkosten einzustehen hat, findet dann keine Anwendung, wenn Pläne und Leistungsverzeichnis zeigen, dass viele Sonderwünsche des Bauherrn realisiert worden sind. Die Kosten dieser Wünsche sind neutral zu schätzen. Bei der Berechnung der Kostenüberschreitung ist auch die Bauteuerung zu berücksichtigen, wenn ein Pauschalpreis inklusive Teuerung zugesichert worden war. Für alsdann nach *Berücksichtigung der Überschreitung der Kostenüberschreitungstoleranz sich ergebende Mehrkosten* haftet der Architekt voll.

Unveröffentlichtes einzelschiedsrichterliches Urteil SIA vom 15.9.1976 i. S. B./R.

Der Architekt gab die Kosten eines von ihm projektierten Schwimmbassins mit Fr. 50 000.– an. Der später vorgelegte Kostenvoranschlag überschritt den zuerst genannten Betrag um 40%. Der Bauherr hat sich nach Auffassung des urteilenden Gerichtes zu Recht geweigert, das Werk abzunehmen und den Architekten für seine Tätigkeit zu bezahlen. Der Architekt hatte sich sowohl bezüglich der Kosten der Warmwasseraufbereitung wie der Kapazität der Heizungsinstallation getäuscht.

Repertorio di giurisprudenza patria 1978, S. 132 ff.

Art. 4.2.2 des Vernehmlassungsexemplars der SIA-Ordnung 102 befasst sich mit der *Baukostenschätzung.* Sie soll einen Genauigkeitsgrad von +20% aufweisen.

Art. 4.2.5 handelt vom Kostenvoranschlag. Dort heisst es u.a.: Der Genauigkeitsgrad ist mit den Sonderfachleuten und mit den Beträgen für Unvorhergesehenes abzustimmen und im Kostenvoranschlag anzugeben; mangels besonderer Vereinbarung +10%.

Mit der Aufnahme dieser Prozentzahlen in die neue SIA-Ordnung 102 bestätigt der SIA die derzeitige Auffassung der Gerichte. *Was in beiden*

Artikeln fehlt, ist ein Hinweis, wonach der Architekt bei Überschreiten der genannten beiden Genauigkeitsgrade dem Bauherrn gegenüber haftet und für die ausserhalb der Toleranz liegenden Baukosten keinen Honoraranspruch besitzt.

Der Architekt, welcher Pläne für ein Haus erstellt, aus denen nach Begrüssung der Unternehmer hervorgeht, dass die gesamten Baukosten den vom Bauherrn festgelegten Preis wesentlich übersteigen, handelt fehlerhaft. Wenn der Bauherr den Auftrag vor Ausführung der Baute widerruft, ist eine Reduktion des Honorars, auf welches der Architekt sonst Anspruch hätte, am Platze. Bei der Kürzung ist den besondern Umständen, insbesondere der Tatsache, dass der Bauherr die Arbeiten nicht stoppte, als er vom Architekten die Kostenüberschreitung erfuhr, in Rechnung zu stellen. Gerichtliche Reduktion des geforderten Honorars von Fr. 8500.– auf Fr. 6000.–.

Semaine Judiciaire, Genf, Jg. 85, S. 437/40

Das Architektenhonorar berechnet sich auf der Basis der tatsächlichen Baukosten, nicht des Devis, und ein allfälliger Schadenersatz kann mit der Honorarschuld verrechnet werden. Wenn ein seriös aufgestellter Kostenvoranschlag um 10% überschritten wird, liegt Schlechterfüllung des erhaltenen Auftrages seitens des Architekten vor.

SJZ 62 Nr. 78, S. 127

Wenn der Bauherr den Nachweis erbringt, dass der beauftragte Architekt die Baute, statt in Übereinstimmung mit dem detaillierten Kostenvoranschlag, zu Fr. 899 693.– mit einer Bausumme von Fr. 1 026 261.– errichtete, so hat er den Beweis für eine klare Vertragsverletzung erbracht. Beim Kostenvoranschlag handelt es sich nicht um eine überschlägige Kostenberechnung, sondern um eine ins einzelne gehende Berechnung, die den Architekten verpflichtete, den Bau ihrem Ergebnis entsprechend zu errichten. Der Haftung kann sich der Architekt nur insoweit entschlagen, als ihm der Nachweis des fehlenden Verschuldens gelingt. Der Bauherr hat eine Überschreitung des Kostenvoranschlages gemäss Gerichtspraxis und Doktrin bis zu 10% der veranschlagten Summe in Kauf zu nehmen. Das Verschulden des Architekten an der restlichen Kostenüberschreitung von 4% wird als gegeben erachtet. Dabei begründet eine Kostenüberschreitung von mehr als 10% eine natürliche Vermutung eines Schadens, die zu widerlegen Sache des Architekten ist. Für den Bauherrn bringt eine so ansehnliche Kostenüberschreitung eine wirtschaftlich unfruchtbare Immobilisierung von Kapitalwerten und eine geringere wirtschaftliche Realisierbarkeit.

SJZ 60 Nr. 47 S. 72 = Maximen 11 S. 27 ff. Nr. 15

Der Architekt, welcher dem Bauherrn einen Kostenrahmen von Fr. 80 000.– bis Fr. 100 000.– nennt, indessen eine Baute erstellt, die schliesslich Fr. 150 000.– kostet, hat seine Verpflichtung nicht erfüllt, *ein Honoraranspruch besteht nicht.* Dem Architekten war bekannt, dass der Bauherr besonderen Wert auf die Einhaltung der Kostenlimite legte.

> Extraits des Principaux Arrêts du Tribunal Cantonal de l'Etat du Fribourg 1969, S. 71 f.

Aus der Bauabrechnung ergibt sich eine Kostenüberschreitung des Architekten von 60%, welche der Bauherr dem Architekten anlastet. Der Gegenbeweis steht dem Architekten offen. Er wird entlastet, falls ihm der Nachweis gelingt, die Kostenüberschreitung sei auf Bauwünsche des Bauherrn zurückzuführen. Es habe dieser eleganteres und besseres Material als ursprünglich vorgesehen bestellt. Die Mehrkosten mussten dem Bauherrn bewusst werden, auch wenn ihn der Architekt auf diese nicht besonders aufmerksam machte. Grundsätzlich muss der Architekt konjunkturbedingte Einflüsse auf die Baukosten berücksichtigen. Wenn für den Bauherrn indessen klar war, dass in den Kostenvoranschlag keine Teuerung eingerechnet war, so trifft den Architekten für die Mehrkosten zufolge Teuerung keine Verantwortung.

Im Gegensatz zu Neukonstruktionen bringen Renovationen alter Gebäude kostenmässig immer Überraschungen. Es ist Pflicht des Architekten, Reserven in den Kostenvoranschlag einzubauen.

> Extraits des Principaux Arrêts du Tribunal Cantonal de l'Etat du Fribourg 1969, S. 72 ff.

Durch die *Überschreitung* der vom Architekten zugesicherten Baukosten kann der Bauherr insofern keinen Schaden erleiden, als der zu seinen Lasten gehende Mehraufwand zu einer *Werterhöhung* seines Hauses geführt hat. Bei der Ermittlung des Wertzuwachses ist auf den Ertragswert abzustellen, daneben muss aber auch der Sachwert berücksichtigt werden, und zwar in der Regel durch Bildung des arithmetischen Mittels. Wird, wie im strittigen Fall, das Gebäude vom Bauherrn selbst benutzt, so ist im wesentlichen auf den Sachwert abzustellen und der Ertragswert lediglich zur Korrektur desselben heranzuziehen.

> Urteil Bundesgerichtshof vom 13.7.1970, veröffentlicht in Neue Juristische Wochenschrift Bd. 24, S. 1431

Auf den Schadenersatzanspruch muss sich der Bauherr keine Vorteile anrechnen lassen, wenn die Mehrkosten lediglich eine wirtschaftlich unfruchtbare Immobilisierung von Kapitalwerten darstellten (nachträgliche zusätzliche Unterkellerung, die dem Bauherrn keinen Nutzen bringt, da die geringe Höhe des Kellers kein Begehen desselben erlaubte).

> Unveröffentlichtes Urteil des Obergerichtes des Kantons Schaffhausen vom 10.11.1978

Ein Architekt, der von einem Bauinteressenten einen Projektierungsauf-
trag mit zum voraus limitierter Baukostensumme erhält und annimmt, hat
keinen Anspruch auf Honorar, wenn die Baukostensumme wesentlich
überschritten wird und die Pläne aus diesem Grunde für den Besteller unbrauchbar sind.

  SJZ 44 Nr. 107, S. 310/11

Wenn der Architekt den Kostenvoranschlag überschreitet, hat der Bauherr dann keinen Schadenersatzanspruch, wenn feststeht, dass er die Liegenschaft wesentlich über den Erstellungskosten verkaufen konnte.

  Schiedsurteil SIA i.S. U./S. vom 25.5.1977

*Architektenvertrag: Haftung für Überschreitung des Kostenvoranschlags
(Art. 398 Abs. 2 OR)*
Wird die vereinbarte Bausumme infolge eines ungenauen Kostenvoranschlags überschritten, haftet der Architekt bei Verschulden für den dem
Bauherrn dadurch entstandenen Vertrauensschaden. Dieser Schaden errechnet sich aus der Differenz zwischen den effektiven Erstellungskosten
und dem subjektiven Wert der Baute, der sich aufgrund der Vertrags-
grundlage ergibt.

  BGE 119 II 249 ff. Ausführliche Besprechungen: WERRO, BR 1993,
  S. 96 ff.; ZEHNDER, Die Haftung des Architekten für die Über-
  schreitung seines Kostenvoranschlages, Diss. Freiburg 1994, 2. Aufl.,
  S. 153 ff.

Wenn gelegentlich im Zusammenhang mit der Frage der Bestimmung
des Schadenersatzes als Folge von Kostenüberschreitungen argumentiert wird, die Bauverteuerung erhöhe den Wert der Liegenschaft und
im Endergebnis sei deshalb der Bauherr finanziell nicht geschädigt, so
ist einer solchen Beweisführung entgegenzuhalten, dass derartige
Mehrwerte, besonders wenn es sich um Liebhaberbauten handelt, nie
in vollem Umfang realisierbar sind. Für die Berechnung des Schadenersatzes sind sowohl die konkreten Umstände wie auch die Grösse des
Verschuldens des Architekten zu würdigen (Art. 99 und 43 OR), es
darf also nicht der Gesamtschaden einfach der Grösse der ermittelten
Kostenüberschreitung gleichgesetzt werden (SJZ Bd. 53, S. 332).

  Für *geringfügige Überschreitungen* des Kostenvoranschlages hat
der Architekt in der Regel nicht einzustehen. Zwischen Bauherrn und
Architekt besteht ein Vertrauensverhältnis, das diesem das Recht zu
kleineren Abänderungen gibt, die er als Folge seiner grössern Sachkenntnis und Erfahrung im Laufe der Bauausführung im Interesse des
Bauherrn für geboten erachtet. Nach Auffassung von Lehre und Recht-

sprechung muss der Bauherr indessen eine Überschreitung von mehr als 10% der devisierten Bausumme nicht ersatzlos auf sich nehmen (KREIS, S. 122; SJZ 53, S. 308, und ZBJV 86, S. 540).

Bei der *Werkerstellung auf Grund von Einheitspreisen* vereinbaren die Parteien für *jede Arbeitskategorie verbindliche Ansätze*, die je Leistungseinheit für die am Bau fertiggestellte Arbeit gelten. Der Endpreis der einzelnen Arbeit oder Materiallieferung wird durch Nachmessen, Nachwägen oder Nachzählen ermittelt, wobei die für die einzelne Handwerkergattung geltenden Usanzen zu berücksichtigen sind. Hierüber enthält die SIA Norm 118, Ausgabe 1977/1991, des Schweizerischen Ingenieur- und Architektenvereins die folgenden detaillierten Vorschriften:

Einheitspreis

> Art. 39
> [1] Der Einheitspreis bestimmt die Vergütung für eine einzelne Leistung, die im Leistungsverzeichnis (Art. 8) als besondere Position vorgesehen ist. Er wird je Mengeneinheit festgesetzt, so dass sich die für die Leistung geschuldete Vergütung nach der gemäss Art. 141 festgestellten Menge ergibt. Im Leistungsverzeichnis ist die zu jeder Leistung gehörende Menge aufgeführt, wie sie der Bauherr zur Zeit der Ausschreibung erwartet (Art. 8 Abs. 2).
> [2] Die auf Grund des Einheitspreises berechnete Vergütung bildet das Entgelt für die gesamte vertragsgemässe Ausführung der Leistung, mit Einschluss des ordentlichen Unterhaltes bis zur Abnahme (Art. 157–164). Falls nichts anderes vereinbart ist, sind auch alle Nebenleistungen eingeschlossen, wie Hilfsarbeiten, Transporte, Aufbewahrung, Unterhalt und Bewachung der Geräte, Maschinen und dergleichen. Für Baustelleneinrichtungen gilt Art. 43.
> [3] Für Leistungen zu Einheitspreisen gelten die Bestimmungen über die Teuerungsabrechnung (Art. 64 ff.).

Ausmass bei Arbeiten zu Einheitspreisen

> **Grundsatz**
> Art. 141
> [1] Die Mengen der zu Einheitspreisen erbrachten Leistungen werden je nach den Bedingungen des Werkvertrages entweder nach dem tatsächlichen Ausmass ermittelt (durch Messen, Wägen oder Zählen) oder nach dem plangemässen theoretischen Ausmass (Art. 143).
> [2] Ermittelt wird das Ausmass aller vereinbarten und gelieferten Mengen. Über den Werkvertrag und allfällige Bestellungsänderungen hinausgehende Leistungen werden nur ausgemessen, soweit sie für die vertragsgemässe Ausführung des Werkes erforderlich waren.

Massurkunde
Art. 142

[1] Bauleitung und Unternehmer ermitteln gemeinsam, fortlaufend und zeitgerecht, möglichst innert Monatsfrist, die Ausmasse und anerkennen sie gegenseitig in den Massurkunden.

[2] Ausmasse, die nach dem Fortschreiten des Baues nicht mehr festgestellt werden können, sind sofort aufzunehmen. Der Unternehmer benachrichtigt die Bauleitung rechtzeitig.

[3] Wird der für die gemeinsame Aufnahme des Ausmasses vereinbarte Termin von einer Seite nicht eingehalten, so hat der Säumige das Aufnahmeergebnis des andern als endgültig anzuerkennen, sofern die Aufnahme nicht nachgeholt werden kann oder er ein zweites Mal säumig wird.

[4] Ist nichts anderes vereinbart, so stellt der Unternehmer die für die Ermittlung des Ausmasses erforderlichen Arbeitskräfte und Geräte unentgeltlich zur Verfügung.

Bestimmung nach dem plangemässen theoretischen Ausmass
Art. 143

[1] Das plangemässe theoretische Ausmass bestimmt sich auf Grund der in den Plänen eingetragenen Masse sowie der vor Baubeginn erstellten ursprünglichen Geländeaufnahmen. Allfällige während der Bauausführung an diesen Unterlagen notwendig gewordene Massänderungen werden gemeinsam festgestellt und sind bei der Bestimmung der massgebenden Menge zu berücksichtigen.

[2] Die Bauleitung legt die von ihr vorgenommenen Aufnahmen des ursprünglichen Geländezustandes dem Unternehmer rechtzeitig, vor Veränderung des Terrains, zur Kontrolle vor. Erhebt dieser innert angemessener Frist nicht Einsprache, so gelten die Aufnahmen als anerkannt und ausreichend.

Oft ändern sich nach Vertragsabschluss die Preisermittlungsgrundlagen. Lohn- und Transportkosten erfahren eine Teuerung. Die Preise für Baumaterialien steigen an. Dem Arbeitgeber werden neue Sozialleistungen zugunsten der Arbeitnehmer auferlegt. Es stellt sich die Frage, ob solche Aufschläge dem Besteller belastet werden können. Ähnlich wie bei der Übernahme zum Pauschalpreis sind solche Preiserhöhungen vom Unternehmer, der verbindliche Einheitspreise nannte, zu tragen, bestand doch für ihn die Möglichkeit, die fraglichen Risiken einzurechnen. Anders ist es nur zu halten, wenn sich der Unternehmer durch Aufnahme einer *Preisanpassungsklausel* im Angebot das Recht vorbehält, Änderungen der Tarife und Ansätze dem Bauherrn in Rechnung zu stellen, was in Zeiten steigender Preise die Regel sein wird.

Voraussetzung für die Berechnung von Lohn- und Materialpreiserhöhungen usw. ist selbstverständlich, dass der Unternehmer den Nachweis leistet, solche Aufschläge tatsächlich bezahlt zu haben. Was die Lohnkostenänderung betrifft, wird dieser Grundsatz in der SIA Norm 118, Ausgabe 1977/1991, wie folgt ausgesprochen:

Art. 68

[4] Eine aus der Berechnung sich ergebende Mehrvergütung kann der Unternehmer nur insoweit beanspruchen, als er nachweist, dass ihm wegen der Erhöhung der Lohnkostenansätze tatsächlich Mehraufwendungen erwachsen sind.

Hat der Besteller dem Unternehmer zuviel bezahlt, so kann er den Anspruch auf Rückerstattung nicht gestützt auf Vertragsrecht, sondern nur unter Berufung auf die Bestimmungen betreffend die ungerechtfertigte Bereicherung, Art. 62 ff. OR, geltend machen (BGE 107 II 220 ff.).

Für den Besteller ist wesentlich, zu wissen, dass er durch Bezahlung der Einheitspreise vorbehältlich anderer Abmachungen den Unternehmer auch für Hilfsarbeiten, Transporte, Gerüsterstellung, Installation des Bauplatzes usw. entschädigt.

Wurde der Endpreis auf der Basis des vereinbarten Preisansatzes, aber unter Zugrundelegung eines *unzutreffenden Ausmasses* berechnet, so hat entsprechend der Vorschrift von Art. 24 Abs. 3 OR, eine *Berichtigung* stattzufinden.

Nach Vollendung von *Eisenbetonarbeiten* nahmen die Bauführer der Unternehmerin und der Bauherrin die *Ausmasse* auf und trugen das Längsmass einer Eisenbetondecke unrichtig mit 37,36 m statt mit 67,36 m ein, wodurch sich zum Nachteil der Unternehmerin eine Differenz von 315 m² zu Fr. 14.50 = Fr. 4567.50 ergab. Die gemeinsam erstellte Abrechnung wies eine Restforderung zugunsten der Unternehmerin in der Höhe von Fr. 75 592.65 aus, welches Guthaben zum Ausgleich von durch die Bauherrin beanstandeten Arbeiten auf Fr. 70 000.– reduziert wurde. In der Folge wurde die Unternehmerin auf den Ausmassfehler aufmerksam und forderte von der Bestellerin die Bezahlung der Fr. 4567.50. Der Standpunkt der Bestellerin, es liege kein Rechnungsfehler vor und bei unrichtigem Ausmessen könne überhaupt nicht von einem «Fehler im Rechnen» gesprochen werden, überdies sei durch vergleichsweise Festsetzung einer Endsumme definitiv abgerechnet worden, wurde vom Gericht abgewiesen.

Das Gericht stellte zunächst fest, dass der Vergleich nicht den Zweck hatte, Ausmass- oder andere Rechnungsdifferenzen zu beheben, sondern einzig «zum Ausgleich der von der Bauherrin beanstandeten Arbeiten» geschlossen worden war. Die Parteien waren sich darüber einig, dass die Eisenbetondecke zu erstellen und dafür die Unternehmerin Fr. 14.50/m² zu fordern habe. Die Feststellung des Totals der Rechnung bedingte die Ausmessung der Betondecke, was eine blosse rechnerische Massnahme darstellte. Dabei vorkommende Fehler waren eigentliche Rechnungsfehler und als solche zu korrigieren. Ohne Belang war der Umstand, dass zwischen Rechnungstellung und Schlussabrechnung einige Zeit verfloss; denn alle Stadien der endgültigen Abrechnung – Ausmessung, Addition, Rechnungstellung, Revision der Fakturen und Schlussabrechnung – bildeten rechtlich eine Einheit, nämlich die Feststellung des vereinbarten Werklohnes. Der Vertragswille ging auf das richtige Resultat, woraus sich für die Bestellerin die Verpflichtung ergibt, die Eisenbetondecke entsprechend dem tatsächlichen Ausmass zum Einheitspreis von Fr. 14.50/m² zu bezahlen.

ZR 33 Nr. 38

2. Die Erhöhung des Werklohnes wegen ausserordentlicher Umstände

Nach Art. 373 Abs. 2 OR kann der Richter nach seinem Ermessen eine Erhöhung des Werklohnes bewilligen, wenn *ausserordentliche Umstände,* die nicht vorausgesehen werden konnten oder die nach den von den Parteien angenommenen Voraussetzungen ausgeschlossen waren, die Fertigstellung des Werkes hindern oder übermässig erschweren. Diese zugunsten des Unternehmers aufgestellte Vorschrift kann sowohl im Falle der zum voraus bestimmten Vergütung als auch bei Fixierung von verbindlichen Einheitspreisen Anwendung finden. Dagegen fällt ihre Anrufung ausser Betracht bei Erstellung eines Werkes auf Grund eines ungefähren Kostenansatzes.

Wenn der Unternehmer unter Hinweis auf Art. 373 Abs. 2 OR eine Erhöhung seines Werklohnes beanspruchen will, müssen nach dem Gesetzestext kumulativ *drei Voraussetzungen* gegeben sein:

Zunächst ist das Vorhandensein *ausserordentlicher Umstände* erforderlich. Als solche gelten nach Literatur und Praxis *unabwendbare Ereignisse* wie Blitzschlag, Überschwemmungen, Erdrutschungen, umfassende Streiks von langer Dauer, exorbitante Steigerungen von Materialpreisen und Löhnen, also alles Umstände, mit denen nach dem gewöhnlichen Lauf der Dinge keine Partei rechnen musste.

Zweites Erfordernis ist sodann die *Unvorhersehbarkeit,* die nach objektiven Massstäben beurteilt werden muss, oder aber die feststehende Tatsache, dass die Parteien übereinstimmend annahmen, es würden die effektiv eingetretenen ausserordentlichen Umstände ausbleiben. Dass die Parteien sich hierüber in der getroffenen Abmachung ausdrücklich äusserten, ist nicht notwendig. Es genügt, wenn Indizien auf einen solchen Parteiwillen schliessen lassen.

Als dritte Voraussetzung schliesslich nennt Art. 373 Abs. 2 OR die *Hinderung oder übermässige Erschwerung der Fertigstellung des Werkes* durch die erwähnten ausserordentlichen Umstände. Hier wird ein krasses und offenbares Missverhältnis zwischen den Mehrkosten und der vom Unternehmer seinerzeit veranschlagten Summe verlangt. Es ist davon auszugehen, dass der Unternehmer durch Nennung eines festen Preises bereits erhebliche finanzielle Risiken bewusst übernahm und Art. 373 Abs. 2 OR nun keineswegs dazu da ist, die vielleicht schon bei Vertragsabschluss latent vorhandene ungünstige Preissituation nachträglich zugunsten des Unternehmers zu korrigieren. Dass Art. 373 Abs. 2 OR nur dann Anwendung finden kann, wenn die Aufrechterhaltung des Vertrages *den Ruin* des Unternehmers bewirken würde, verlangt die neuere Rechtsprechung nicht mehr.

Von der ihnen durch Art. 373 Abs. 2 OR gebotenen Möglichkeit der Preiskorrektur machen die Gerichte, wie die nachstehenden Beispiele zeigen, nur sehr zurückhaltend Gebrauch.

> Der Unternehmer kann Art. 373 nicht anrufen, wenn sich ergibt, dass bei der Vertragserfüllung eingetretene Schwierigkeiten die Folge einer Reihe von ihm zur Last fallenden Unvorsichtigkeiten sind und es ihm möglich gewesen wäre, diese in seiner Preisberechnung zu berücksichtigen.
> SJZ 18 Nr. 85 S. 107

> Art. 373 Abs. 2 findet keine Anwendung, wenn feststeht, dass zwischen dem Datum des Vertragsabschlusses (29. Juni 1919) und dem vorgesehenen Ablieferungstermin (Juli/August 1919) nur eine verhältnismässig kurze Zeitspanne liegt.
> SJZ 18 Nr. 60 S. 275/8

> Auch wenn die Vertragsparteien vorgenommene Bodensondierungsproben als massgebenden Vertragsinhalt betrachteten, müssen sie angesichts der geringen Zahl der ausgeführten Sondierungen mit Überraschungen rechnen. Nur ganz schwerwiegende Ausnahmeverhältnisse, nicht aber schon jede geringfügige Abweichung von den durch die Parteien vorausgesetzten Tatumständen führen zur Anwendung von Art. 373 Abs. 2.
> BGE 58 II 421/3

Erteilung eines grösseren Bauauftrages im Jahre 1916 auf Grund einer
A-forfait-Abmachung. Bedeutende kriegsbedingte Erhöhungen der
Lohn- und Materialkosten bewirken für den Unternehmer Mehrauslagen
von Fr. 53 390.–. Gerichtlich zugesprochene Werklohnerhöhung Fr.
20 000.–.

BGE 50 II 166/7

Erhöhung der Produktionskosten eines Elektrizitätswerkes von 16–18%
genügt nicht zur Anwendung des Art. 373 Abs. 2.

BGE 47 II 458

Ein Bauunternehmer, der Tunnel- und Stollenbauarbeiten übernommen
hat, kann nicht geltend machen, er habe die für die Erledigung dieses
Auftrages in Aussicht genommene Arbeiterequipe nicht erhalten und sei
gezwungen gewesen, an regelmässiges Arbeiten ungewohnte Süditaliener
einzusetzen. Zu günstig gewählte Annahmen müssen vom Unternehmer
prästiert werden. Minderleistungen der Arbeiterschaft gehen zu Lasten
des Unternehmers.
    (So eine Meinungsäusserung in der Zeitschrift Hoch- und Tiefbau,
1970, S. 7 ff.)

Aus einem neueren Urteil des Bundesgerichts:
In den *Bedingungen für den Bau von Nationalstrassen* war gesagt worden, dass Pauschal- und Einheitspreise alles enthalten würden, was die
fachmännische Ausführung des Baus und die Fertigstellung innerhalb der
vorgeschriebenen Frist sowie für den Unterhalt des Werkes bis zur vorläufigen Abnahme nötig war. Damit waren auch Erschwernisse durch Un-
gunst der Witterung, Unterbrechung des Betriebes in den Wintermona-
ten, Übergang vom ein- zum mehrschichtigen Betrieb und Nachtarbeit
berücksichtigt. Vorbehalten waren lediglich ausserordentliche Umstände, die nicht vorausgesehen werden konnten.
Grundsätzlich hat jede Partei die Risiken zu tragen, die sich für sie aus der
versprochenen Leistung ergeben; sie hat selbst bei langfristigen Verträgen
mit folgenschweren Verpflichtungen keinen Anspruch darauf, dass die
Erfüllung sich für sie zu einem guten Geschäft gestalte und der Vertrag aufgehoben oder angepasst werde, wenn die Verhältnisse sich während der
Vertragsdauer zu ihrem Nachteil ändern oder nicht mehr ihren Erwar-
tungen entsprechen.
Dieser Grundsatz wird sinngemäss in Art. 373 Abs. 1 für den Unternehmer und in Abs. 3 für den Besteller wiederholt. Er ist aber bereits in Art.
364 Abs. 3 des alten OR für den Fall ausserordentlicher unvorausseh-
barer Umstände zugunsten des Unternehmers gelockert worden, wenn
dieser nicht ausdrücklich auch eine solche Gefahr übernommen hat. Die
geltende Regelung geht noch etwas weiter, da sie von der negativen Voraussetzung der Gefahrübernahme absieht und von den Parteien überein-

stimmend für ausgeschlossen gehaltene Umstände nicht voraussehbaren gleichsetzt. Solche Umstände können das Vertragsverhältnis so stören, dass die Bindung an den zum voraus festgesetzten Preis Treu und Glauben widerspricht und der richterliche Eingriff gerechtfertigt ist.

Als ausserordentlich im Sinne von Art. 373 OR gelten Umstände, mit denen der Unternehmer nicht zu rechnen brauchte, weil sie nach dem gewöhnlichen Lauf der Dinge nicht voraussehbar sind, oder mit denen beide Parteien nach gemeinsamer Vorstellung nicht gerechnet haben. Sie können bereits bei Vertragsabschluss bestehen (z.B. geologische Verhältnisse) oder erst nachträglich eintreten (z.B. aussergewöhnliches Ansteigen von Löhnen, Zinsen oder Materialpreisen). Indessen ist das Erfordernis der Unvoraussehbarkeit vom Standpunkt des Sachkundigen und Sorgfältigen aus und nach eher strengen Massstäben zu beurteilen, da jede Werkausführung zu festen Pauschal- oder Einheitspreisen ein spekulatives Element enthält, das auch als Risiko zu berücksichtigen ist. *Damit OR Art. 373 Anwendung finden kann, muss das Missverhältnis zwischen dem Wert der erbrachten Leistung des Unternehmers und der versprochenen Gegenleistung des Bestellers ein krasses und offenbares sein.* Die Mehrkosten sind beim Vergleich mit der vereinbarten Vergütung ohne Gewinn einzusetzen, denn Art. 373 Abs. 2 OR gibt dem Unternehmer keinen Anspruch darauf, dass die Erfüllung des Vertrages zu einem verlustfreien Geschäft werde.

BGE 104 II, S. 314 ff., Urteil der I. Ziv.abt. des Bundesgerichtes vom 28.11.1978 i.S. Consorzio Galleria San Bernardino/Kt. Graubünden. Dem in der amtlichen Sammlung *nicht veröffentlichten Teil des Entscheides* ist zu entnehmen, dass das Bundesgericht rund 44% der eingeklagten Mehrkosten zusprach und den Klägern einen Mehraufwand an Personalkosten von 2,4 Mio. Fr. zubilligte. Zur Begründung führte das Gericht u.a. an, die von den Unternehmern eingeschlossene Marge für Risiko und Gewinn habe 3% oder rund 1 Mio. Fr. betragen und sei als bescheiden zu betrachten. Die Beurteilung der geologischen Verhältnisse sei als schwierig zu bezeichnen, und es habe den Unternehmern hiefür nur eine verhältnismässig kurze Zeit zur Verfügung gestanden; dasselbe gelte bezüglich seriöser Abklärungen des Arbeitsmarktes. Die dem Konsortium zugesprochenen Beträge verteilten sich auf Anteile an die Mehrkosten aus der Sicherung des Vortriebes durch Felsanker, die Mehrkosten wegen schlechter Schiessbarkeit des Gesteins, längeres Vorhalten der Installationen, zusätzliche Zinsbelastung sowie den bereits erwähnten Anteil an den Lohnmehrkosten.

Obschon das Konsortium überklagte, wurden ihm lediglich zwei Drittel der Gerichtskosten von rund Fr. 277 000.– auferlegt mit der Begründung, dass sie das Verhalten des Beklagten zum Prozess veranlasst habe. Aus derselben Überlegung wurde der beklagte Kanton Graubünden verpflichtet, dem Konsortium eine Verfahrensentschädigung von Fr. 50 000.– zu bezahlen.

Zulässig erscheint, dass der Unternehmer im Rahmen der mit dem Besteller getroffenen Vereinbarung verspricht, von der *Geltendmachung irgendwelcher Preiskorrekturen abzusehen,* womit er in verbindlicher Weise auf die Anrufung von Art. 373 Abs. 2 OR, der ja keine zwingende Vorschrift darstellt, verzichtet.

3. Die Abrechnungspflicht von Unternehmer und Architekt

Während bei Vereinbarung eines Pauschalpreises der Unternehmer nicht gehalten ist, über seine Aufwendungen und Leistungen abzurechnen, besteht eine solche Pflicht, auch wenn sie im Gesetz nicht ausdrücklich erwähnt wird, im Falle der Werkerstellung auf Grund eines ungefähren Kostenansatzes oder bei Vereinbarung von Einheitspreisen; denn in jedem der letztgenannten Fälle ist der Unternehmer ja nur dann in der Lage, gegenüber dem Besteller seinen Werklohnanspruch geltend zu machen, wenn er ihn spezifiziert.

Bei Bauten soll die Abrechnung nach *Positionen* gegliedert sein und über die Kosten der einzelnen Arbeitsgattungen Aufschluss geben. Üblicherweise werden diese entsprechend dem chronologischen Arbeitsablauf aufgeführt. Um dem Besteller die Möglichkeit der Nachprüfung zu geben, sind ausser den abgemachten Einheitspreisen die genauen Ausmasszahlen anzugeben. Wurde der Auftrag auf Grund einer schriftlichen Offerte erteilt, so darf der Besteller verlangen, dass die Abrechnung sowohl bezüglich Aufmachung im allgemeinen als auch hinsichtlich Reihenfolge und Umschreibung der einzelnen Positionen mit dem Angebot übereinstimmt. Unzulässig wäre es beispielsweise, wenn ein Unternehmer eine punkto Tragfähigkeit präzis definierte armierte Decke zu einem Quadratmeter-Einheitspreis offeriert, diese Decke nun aber, weil er sich mit Bezug auf den Eisenbedarf zu seinen Ungunsten irrte, in der Weise fakturiert, dass er Schalungsarbeiten, Quantum des verlegten Eisens, benötigte Mengen Sand, Kies und Zement einzeln zu branchenüblichen Preisen einsetzt und dadurch wohl auf faktisch und rechnerisch richtige, gegenüber dem offerierten Quadratmeter-Einheitspreis aber wesentlich höhere Kosten kommt.

Nicht ausgeführte Positionen sind richtigerweise in der Abrechnung aufzuführen und als solche zu bezeichnen.

Haben die Parteien für die *Ablieferung der Abrechnung* keine bestimmte *Frist* vereinbart, so hat die Übergabe entsprechend der Grösse des Werkes innert angemessenem Zeitabstand nach dessen Vollendung zu erfolgen.

Die SIA Norm 118, Ausgabe 1977/1991, äussert sich sehr ausführlich über *Begriff* und *Gegenstand der Schlussabrechnung* (Art. 153). *Einreichung und Prüfung* (Art. 154), *Fälligkeit der Abrechnungsforderung; Zahlungsfrist* (Art. 155) und *Verzicht auf weitere Ansprüche* (Art. 156).

Die Ordnung für Leistungen und Honorare des Architekten, SIA-Ordnung 102, Ausgabe 1984, hält in Art. 4.5.1 fest, dass es dem Architekten obliegt, in der «Abschlussphase» die Gesamtkosten des Bauwerkes zu bestimmen und dem Auftraggeber die Schlussabrechnung abzugeben; *innert welcher Frist dies geschehen soll, wird nicht gesagt*.

Art. 154 Abs. 3 der SIA Norm 118 trägt folgenden Wortlaut:

> [3] Ergeben sich bei der Prüfung keine Differenzen, so gilt die Schlussabrechnung mit dem Prüfungsbescheid der Bauleitung als beidseitig anerkannt. Differenzen teilt die Bauleitung dem Unternehmer unverzüglich nach ihrer Feststellung mit und begründet sie. Sie sind möglichst rasch zu bereinigen.

In der Baupraxis und gleichermassen in der Rechtsprechung und Lehre *hat sich die Frage nach der Bedeutung und der Tragweite dieser Bestimmung für Unternehmer und Besteller gestellt.* Muss der Bauherr die von seinem Architekten geprüfte und für gut befundene Handwerkerrechnung für sich als verbindlich anerkennen? Hat der Bauherr durch die Übernahme der SIA Norm 118 dem Architekten *Vollmacht* erteilt, für ihn zu handeln und zu verpflichten, und dies, obschon in Art. 154 Abs. 3 von einer *Vollmachterteilung* nicht die Rede ist? In einem vielbeachteten Urteil hat das Bundesgericht zu diesen Fragen Stellung genommen (BGE 109 II 452 ff.) und dabei im wesentlichen folgendes ausgeführt:

a) Dass Unternehmer und Besteller in ihren Werkverträgen sich der SIA Norm, Ausgabe 1977, unterstellten, war unbestritten.

b) Seitens der Beklagten wurde indessen die Auffassung vertreten, unter den gegebenen Umständen verstosse die Anwendung einzelner Vorschriften, nämlich von Art. 153 und 154, gegen Bundesrecht, insbesondere gegen die Bestimmungen des Obligationenrechts über die Stellvertretung und den Auftrag, sowie gegen Art. 2 ZGB. Die Art. 153 und 154 hätten der Bauleitung keine *Generalbevollmächtigung in*

IV. Der Werklohn 67

finanzieller Hinsicht erteilt. Dem Unternehmer habe dies klar sein müssen.

Nach Ansicht des Bundesgerichts spielt es keine Rolle, ob die «schwache oder unerfahrene Partei» die allgemeinen Geschäftsbedingungen tatsächlich gelesen hat. Dieser Grundsatz bedürfe indessen der Einschränkung für den Fall, dass die Gegenpartei wisse oder nach der allgemeinen Lebenserfahrung wissen müsse, dass der Erklärungsinhalt nicht gewollt sei. Aus dieser Einschränkung, die sich auf das *Vertrauensprinzip* stütze, habe ein Teil der Lehre die sogenannte *Ungewöhnlichkeitsregel* abgeleitet. *Danach sind von der pauschalen Zustimmung zu allgemeinen Geschäftsbedingungen alle ungewöhnlichen Klauseln ausgenommen, insbesondere solche, deren Inhalt von dem abweicht, was vernünftigerweise erwartet werden darf.*

Ob sich der Beklagte auf die *Ungewöhnlichkeitsregel* berufen könne, ist auf Grund der Besonderheit des vorliegenden Falles zu entscheiden. Die Anwendung der genannten Regel ist um so eher berechtigt, je stärker eine Klausel die Rechtsstellung des Vertragspartners beeinträchtigt. Konkret wurde festgehalten (S. 459 Mitte), dass die Art. 154 Abs. 3 und Art. 155 Abs. 1, in welchen der Bauleitung umfassende Vertretungsbefugnis in finanziellen Belangen verliehen wird, mit den getroffenen Abmachungen nicht mehr vereinbar und daher *geschäftsfremd* sind.

Dieser grundlegende Entscheid steht im Einklang mit der einschlägigen Fachliteratur, welche im zitierten Urteil angeführt wird (siehe S. 458 und 460).

Unabhängig vom hier besprochenen Grundsatzentscheid zeigt das Baugeschehen, wie es Unternehmer und Bauherr erleben, dass der Besteller die vom Architekten visierte Schlussabrechnung nicht kritiklos akzeptieren muss. Der Bauherr ist berechtigt, die Schlussabrechnung nach eigenem Gutfinden zu kontrollieren. Zu diesem Zweck kann er die Rechnungspositionen mit jenen der Offerte vergleichen. Er kann prüfen, ob verrechnete Bauleistungen tatsächlich erbracht wurden und ob allfällige Eigenleistungen berücksichtigt wurden. Nicht selten kommt es vor, dass Handwerker Leistungen, für die sie im Werkvertrag Pauschalpreise nannten, zu Einheitspreisen oder nach Ergebnis verrechnen. Fehler unterlaufen, wenn der Architekt die Handwerkerrechnungen nicht persönlich kontrolliert, sondern diese Arbeit an Mitarbeiter delegiert. Da kann es geschehen, dass Abschlagszahlungen, Skonti oder Rabatte übersehen werden. In solchen Fällen kann eine vom Architekten visierte Schlussabrechnung des Handwerkers für den Besteller niemals massgebend sein. *Der Vertragswille der Parteien geht auf das richtige werksvertragskonforme Resultat, und nur ein Resultat kann richtig sein* (vgl. hiezu die Ausführungen des Autors in der 4. Aufl. seines Rechtshandbuches für Bauunternehmer, Bauherr, Architekt und Bauingenieur S. 261 ff.).

4. Fälligkeit und Verjährung des Werklohnanspruches

Vorbehältlich anders lautender Abmachungen wird die Vergütung bei *Ablieferung* des mängelfreien und vertragskonform hergestellten Werkes zur Zahlung fällig. Nach den wiederholt genannten Normalien (SIA Norm 118), die Abschlagszahlungen vorsehen, ist das *Restguthaben* spätestens einen Monat nach beidseitiger Anerkennung der Schlussabrechnung fällig. Bestehen Differenzen über die Abrechnung, so ist das Restguthaben bis auf den bestrittenen Betrag auszuzahlen.

Die Forderungen der Bauhandwerker *verjähren* innerhalb der verhältnismässig kurzen Frist von *fünf Jahren* (Art. 128 OR). Die heute schwer verständliche Verkürzung der normalen Verjährungsfrist von zehn Jahren auf fünf Jahre für Handwerksarbeit (Art. 128 Ziff. 3 OR) lässt sich nur rechtshistorisch erklären. Die Idee, auf welcher sie ursprünglich beruhte, ist durch die moderne Entwicklung überholt (vgl. BGE 109 II 113 f. und BGE 98 II 186).

Die oft gehörte Meinung, die Verjährung beginne mit dem Datum der Rechnungstellung, ist unrichtig. Mit der Beendigung der Arbeit wird nach Art. 372 Abs. 1 OR die Forderung fällig, und ab diesem Datum beginnt die Verjährung zu laufen (SJZ 55, S. 196). Wäre dies anders, so hätte es der Handwerker in der Hand, durch späte Rechnungstellung den Zeitpunkt des Eintrittes der Verjährung hinauszuschieben.

> Bauauftrag über Fr. 28 874.–, der im Juli 1948 ordnungsgemäss abgewickelt worden war. Der Bauherr leistete Akontozahlungen von Fr. 20 000.–. Bezüglich des ziffernmässig noch nicht feststehenden Saldos vereinbarten die Parteien schriftlich Bezahlung nach Vorliegen der Abrechnung des Unternehmers und Verzinsung der geschuldeten Summe zu 4%. Der Unternehmer liess die Schlussabrechnung dem Bauherrn im Juni 1956 zugehen. Die Verjährungseinrede des Bauherrn wurde mit folgender Begründung geschützt:
> Es stand nicht nur im Belieben, sondern war Pflicht des Unternehmers,

anhand der Offertunterlagen die Schlussabrechnung zu erstellen. Die Verjährung beginnt nicht erst im Moment zu laufen, da der Gläubiger vom Schuldner die Zahlung fordert, sondern vom Zeitpunkt an, da der Gläubiger die Zahlung fordern konnte (Komm. FUNK Note 1 zu Art. 130 OR).
Repertorio di giurisprudenza patria (Bellinzona) 96/1963, S. 263 ff.

Unter den *Begriff der von Art. 128 Ziff. 3 erfassten Handwerksarbeit* fällt jede von einem Berufsmann ausgeführte Kundenarbeit. Unwesentlich ist deren Umfang, und gleichgültig ist auch, ob die Arbeit von einem Kleinunternehmen oder einem mit Maschinen ausgestatteten Grossbetrieb stammt (SJZ 55, S. 196). Betätigt sich indessen ein Handwerker als Generalunternehmer, indem er beispielsweise den Bau eines schlüsselfertigen Hauses übernimmt, oder geht seine Arbeitsleistung über jene blosser handwerklicher Betätigung hinaus, so gilt für seine Forderung *die normale zehnjährige Verjährung* (Art. 127 OR).

Der Inhaber eines Baugeschäftes übernahm gemäss abgeschlossenem Vertrag «zwei Drittel der Maurer-, Eisenbeton-, Verputz- und Versetzarbeiten» zum Neubau eines Zwölffamilienhauses. Die Parteien bezeichneten sich in der werkvertraglichen Abmachung als «Bauherr» und «Unternehmer». Mit der architektonischen Leitung wurde ein Architekt beauftragt. Der Baumeister beschäftigte auf dem Bauplatz in der Regel 10–20 Arbeiter und setzte den üblichen Maschinenpark ein. Eine solche Tätigkeit, die geprägt ist von der allseitigen Risikoübernahme eines Organisators, lässt sich nach Auffassung des urteilenden Gerichtes nicht vergleichen mit dem Risiko eines Werkstattinhabers im handwerklichen Sinne, sei er Schreiner, Maler oder Schlosser. Was der Baumeister durch persönliche Handwerksarbeit zur Ausführung des Baues beigetragen hat, erscheint unwesentlich. Seine Arbeit ist durch ein eigentliches wirtschaftlich-bautechnisches Fachwissen ausgezeichnet. Sie war nur zu bewältigen, weil ihm nebst handwerklichen Kenntnissen die Erfahrungen des Unternehmers zu Gebote standen. Es ist die ordentliche Verjährungsfrist von zehn Jahren nach Art. 127 OR anzuwenden.
SJZ 57, S. 195

Das Gesetz umschreibt den Begriff des «Handwerkers» nicht. Auf jeden Fall kann ein Unternehmer nicht als solcher betrachtet werden; seine Forderung unterliegt daher nicht der fünfjährigen, sondern der zehnjährigen Verjährungsfrist.
SJZ 58, Nr. 53, S. 58

Die Werklohnforderung eines Malermeisters, der selber mitarbeitet, verjährt auch bei grosser Werklohnsumme (Fr. 74 000.–) innert fünf Jahren.

Für eine verkürzte Verjährungsfrist für Forderungen aus solchen Arbeiten besteht ein Bedürfnis, weil solche Verpflichtungen dem Gedächtnis leicht entschwinden und die Gefahr einer raschen Verdunkelung des Tatbestandes besonders gross ist. Maler- und Tapeziererarbeiten sind ihrer Natur nach handwerklicher Art, sie werden auch heute noch grösstenteils von Hand ausgeführt, und technische Einrichtungen werden nur in bescheidenem Masse herangezogen. Belanglos ist es, wenn der fragliche Handwerker im Werkvertrag als Unternehmer bezeichnet wurde.

SJZ 63, Nr. 100, S. 204

Das Obergericht des Kantons Zürich erklärte Arbeiten, auch wenn sie mit Hilfe von Baumaschinen geleistet werden, als Handwerksarbeit und bestätigte den vorinstanzlichen Entscheid, wonach die *Werklohnforderung des Gärtners der fünfjährigen Verjährung unterliegt.* Aus den Entscheidungsgründen:

Eine allgemein anerkannte Umschreibung des Begriffs des Handwerks gibt es nicht. Einigkeit besteht in Lehre und Rechtsprechung dagegen über einige Merkmale, so u.a. darüber, *dass Handwerksarbeit stets Kundenarbeit ist.* Als Handwerk ist auch nur jene Güterarbeit anzusehen, die gewisse *Fertigkeiten* voraussetzt und berufsmässig ausgeübt wird (Hinweis auf Kommentar BECKER Note 8 zu Art. 128 OR). Die Benützung mechanischer Kräfte steht dem Begriff des Handwerks nicht entgegen, da der moderne Handwerker ohne solche überhaupt nicht auskommt. Art. 128 Ziff. 3 OR stellt nicht auf den Begriff des Handwerks ab, sondern auf jenen der Handwerksarbeit. Die Bestimmung begründet daher kein Sonderrecht für bestimmte Personen, sondern für bestimmte Rechtsverhältnisse (BECKER Note 9).

Nachdem sich das Gericht mit der Rechtsprechung der letzten Jahre auseinandergesetzt hat – ferner auf einen Artikel, erschienen im Journal des Tribunaux 1963, S. 230 ff. (VAUCHER, La prescription des actions des artisans pour leur travail), hingewiesen hat, in welchem ein unveröffentlichtes Urteil des waadtländischen Kantonsgerichtes, wonach die Ansprüche einer Zentralheizungsfirma der zehnjährigen Verjährungsfrist unterstünden, kritisiert wird, weil nach dem genannten Autor zuerst zu prüfen wäre, ob das Unternehmen ein handwerkliches sei oder nicht und, bejahendenfalls, ob wirklich eine handwerkliche Leistung erbracht wurde oder die besondere Verrichtung aus dem Rahmen des für solche Geschäfte üblichen Falles –, fährt es wörtlich fort:

«Gleichgültig, ob das Hauptgewicht auf die Art der Arbeit oder auf den Charakter des Geschäftsbetriebes der den Anspruch geltend machenden Partei gelegt werde, kann in vorliegendem Fall nicht zweifelhaft sein, dass Handwerksarbeit vorliegt. *Gärtnerarbeiten sind ihrem Wesen nach handwerklicher Natur,* sind sie doch Arbeiten, die auch heute noch grössten teils von Hand ausgeführt werden müssen und bei welchen technische Einrichtungen nur in geringem Umfange herangezogen werden können.»

Für die Charakterisierung der Arbeiten kann es schliesslich auch nicht darauf ankommen, ob der Bauherr für sich selbst oder für fremde Rechnung baut. Ebenso kann es nicht darauf ankommen, dass bei einem Bauvorhaben alle Unternehmer und Handwerker hinsichtlich ihres Anspruchs auf Eintragung eines *Bauhandwerkerpfandrechtes* gemäss Art. 837 Ziff. 3 ZGB einander gleichgestellt sind. Bei der Verjährung sind andere Gesichtspunkte massgebend als beim Bauhandwerkerpfandrecht, bei dem der Beitrag an die Wertvermehrung des Grundstückes im Vordergrund steht. Unbeachtlich ist aber auch, dass die Tätigkeit des Klägers sich über längere Zeit erstreckte.

ZR 71 Nr. 30

Spenglerarbeiten, auch wenn hiefür Materialien verschiedenster Arten verwendet werden müssen und bautechnisches Fachwissen sowie besondere Planung zu deren Ausführung notwendig waren, sind Handwerksarbeiten. Verjährungsfrist für den geschuldeten Werklohn fünf Jahre.

St.Gallische Gerichts- und Verwaltungspraxis 1977, S. 32/3

Ein Unternehmer hatte sowohl *Handwerksarbeiten wie Leistungen intellektueller Natur* erbracht.

Besteht die vertraglich vereinbarte Unternehmertätigkeit sowohl in Handwerksarbeiten als auch in der Erstellung von Plänen, Verhandlung mit verschiedenen Behörden u.ä., so geht es nicht an, die aus der Vertragserfüllung abgeleitete Gesamtforderung im Verhältnis der verschiedenartigen Leistungen *aufzuteilen* und für die so erhaltenen Teilbeträge verschiedene Verjährungsfristen laufen zu lassen. Eine solche Aufteilung liesse sich in den wenigsten Fällen ohne besonderen Aufwand zuverlässig durchführen.

Die Rechtssicherheit fordert eine einheitliche Verjährungsfrist für die gesamte Forderung. Welche Frist das sein soll, hängt davon ab, was den wesentlichen Teil der klägerischen Leistung ausmacht. Steht Handwerksarbeit im Vordergrund, so gilt die fünfjährige Verjährungsfrist. Überwiegen jedoch die übrigen Leistungen, dann hat die zehnjährige Frist für die Gesamtforderung zu gelten. Da die planerische Tätigkeit des Unternehmers und ihre umfassenden Garantieversprechen weit über das hinausgingen, was ein gewöhnlicher Handwerker zu leisten vermag, befand das urteilende Gericht, der überwiegende Teil der Rechnung sei nicht handwerklicher Natur. Es galt für die Forderung die zehnjährige Frist. Die Tendenz des Bundesgerichtes, Art. 128 Ziff 3 eng auszulegen (BGE 98 II 187), wurde vom Gericht abgelehnt.

St.Gallische Gerichts- und Verwaltungspraxis 1976, S. 57 ff., Nr. 23

Gipserarbeiten, auch wenn von einem grösseren Team ausgeführt, sind ausgesprochen handwerklicher Art, weil die manuelle Tätigkeit dabei weit mehr ausmacht als das Material und da fabrikmässige Vorarbeit oder maschinelle Massenausführung entfällt. Der Kläger hatte persönlich am Bau mitgearbeitet. Die fünfjährige Verjährungsfrist ist auch darum gegeben, weil bei handwerklichen Arbeiten am Bau eine über fünf Jahre verzögerte kostenmässige Kontrolle besonders erschwert wäre, namentlich wenn diese Arbeiten durch solche anderer Bauarbeiten überdeckt werden. Dies zeigt gerade der vorliegende Fall, wo von der Bauleitung mitunterzeichnete Regierapporte fehlen.

SJZ 72 1976, S. 110, Nr. 31

Der Bau eines Hauses durch einen Unternehmer oder einen Generalunternehmer, der Arbeiten von Unterakkordanten ausführen lässt, fällt nicht unter den Begriff der Handwerksarbeit im Sinne von Art. 128 Ziff. 3 OR.

Im Gegensatz zu den Honorarforderungen der Anwälte und Notare – sie sind in Art. 128 Ziff. 3 OR ausdrücklich aufgeführt – gilt für Honoraransprüche der Architekten und Bauingenieure die zehnjährige Verjährungsfrist (Art. 127 OR; OSER/SCHÖNENBERGER, Note 7 zu Art. 128 OR; SJZ 33 (siehe Ausführungen S. 79, mit Hinweis auf BGE 98 II 184 ff.).

5. Die betreibungsrechtliche und gerichtliche Geltendmachung der Werklohnforderung

Prozessuale Probleme

Gegen den die Zahlung verweigernden Besteller wird der Unternehmer *betreibungsrechtlich* vorgehen, wenn sein Guthaben unbestritten ist. Einen vom Schuldner allfällig erhobenen Rechtsvorschlag kann der Gläubiger im Rechtsöffnungsverfahren beseitigen, wenn er im Besitze eines sogenannten *Rechtsöffnungstitels,* z.B. einer schriftlichen Schuldanerkennung, ist. Der zwischen den Parteien abgeschlossene schriftliche *Werkvertrag* kann als Grundlage für die Erteilung der provisorischen Rechtsöffnung dienen, wenn er eine bestimmte Vergütung nennt, der Unternehmer seine Leistungen erbrachte und der Besteller keine die Existenz oder den Fortbestand der Forderung beeinträchtigende Einwendung glaubhaft macht (SJZ II, S. 163).

Ein von den Parteien unterzeichneter *Submissionsvertrag* kann vom Unternehmer gegenüber dem Bauherrn als Titel für die provisorische Rechtsöffnung geltend gemacht werden, wenn glaubhaft gemacht ist, dass der Unternehmer die ihm auferlegten Verpflichtungen erfüllte. Wurde z.B. die Zahlungspflicht an die provisorische Übernahme des Werkes geknüpft, so kann die Glaubhaftmachung durch eine *Bescheinigung des bauleitenden Architekten* erfolgen, wonach er die Arbeiten kontrolliert und ihren Preis festgesetzt hat.

SJZ 25, S. 138

Für die Durchsetzung *strittiger Forderungen* ist der *Prozessweg* zu beschreiten. In Ermangelung besonderer Gerichtsstandsvereinbarungen ist die Klage beim Gericht des Wohnsitzes des Schuldners anzubringen. Im Falle der Unterstellung des Werkvertrages unter die SIA Norm 118 anerkennen die Parteien mangels anderer Abmachungen die ordentlichen Gerichte für zuständig, Gerichtsstand ist der Wohnsitz der beklagten Partei, bei deren Wohnsitz im Ausland der Ort des Bauwerkes (SIA Norm 118, Ausgabe 1977/1991, Art. 37 Abs. 2).

Oft werden die SIA Normen im Werkvertrag *beiläufig,* sozusagen *routinemässig,* erwähnt. Im Falle von Streitigkeiten stellt sich dann die nicht einfach zu entscheidende Frage, *ob durch einen solchen Hinweis rechtswirksam auf den verfassungsmässig garantierten Wohnsitzrichter verzichtet werden kann.*

Der in Münchenstein BL wohnende Ingenieur R., Mitglied des Schweizerischen Ingenieur- und Architektenvereins (SIA), erhielt von dem in St.Gallen domizilierten K. den Auftrag zur Erstellung einer Flachdachisolierung. R. verpflichtete sich, während zehn Jahren jeden auftretenden Schaden zu beseitigen. Seine Offerte enthielt sodann den Passus «Zahlungsbedingungen SIA». Nach der Ausführung traten Feuchtigkeitsschäden auf. R. nahm gewisse Ausbesserungen vor, vermochte jedoch die Schäden nicht zu beheben, und behauptete, die Mängel seien nicht auf die Isolierung, sondern auf andere Ursachen zurückzuführen. Mit der Durchführung einer gerichtlichen vorsorglichen Expertise zur Feststellung des Tatbestandes und der Ursachen der Mängel erklärte sich R. einverstanden. Auch machte er Vorschläge zur Person des Experten und die an ihn zu stellenden Fragen. Der gerichtlich ernannte Experte stellte verschiedene Mängel an der von R. angebrachten Isolierung fest und empfahl, diese durch eine neue Isolierung ersetzen zu lassen. Als K. von R. den Ersatz der Reparaturkosten verlangte, erklärte dieser, er anerkenne die Expertise nicht und lehne alle Ansprüche ab. Daraufhin reichte K. beim Vermittleramt St.Gallen Forderungsklage gegen R. ein, welcher unter *Berufung auf den durch Art. 59 der Bundesverfassung garantierten Gerichtsstand des Wohnsitzes* erklärte, er anerkenne den St.Galler Richter nicht. Als das Bezirksgericht St.Gallen R. zur Einreichung einer Klageantwort einlud, erhob er staatsrechtliche Beschwerde

wegen Verletzung von Art. 59 BV. Sein Gesuch, es sei die Zustellungs-
verfügung des Bezirksgerichtes St.Gallen aufzuheben, wurde vom Bundesgericht aus folgenden Erwägungen gutgeheissen:

Da R. aufrechtstehend ist und im Kanton Baselland wohnt, brauchte er
sich nur dann in St.Gallen gerichtlich belangen zu lassen, wenn er ausdrücklich oder durch schlüssiges Verhalten auf den Richter seines Wohn-
ortes verzichtete. Nun bestimmen die vom SIA aufgestellten «Allgemeinen Bedingungen» SIA Norm 118 Art. 33 unter dem Titel «Streitigkeiten»: «Sofern keine andere Vereinbarung (z.B. Schiedsgericht) getroffen
wird, unterwerfen sich beide Parteien den ordentlichen Gerichten am
Orte der Bauausführung.» (Analog lautet Art. 37 Abs. 2 SIA Norm 118,
Ausgabe 1977.) Auf Grund dieser Bestimmung müsste sich R. dann in
St.Gallen belangen lassen, wenn sie Inhalt der Parteiabmachung ist oder
wenn R. durch den Beitritt zum SIA für Prozesse aus Bauarbeiten auf den
Gerichtsstand von Art. 59 BV verzichtet hätte.

Dass bei den Vertragsverhandlungen über den Gerichtsstand gesprochen
und eine Vereinbarung getroffen worden wäre, behauptet K. nicht. Die
Offerte des R. verweist nur für die *Zahlungsbedingungen auf die SIA
Norm 118*, was keinen Sinn gehabt hätte, wenn die *gesamte* Norm Vertragsinhalt gewesen wäre. Art. 33 der in Frage stehenden Norm war
daher nicht Inhalt des zwischen den Parteien abgeschlossenen Werkvertrages, wobei übrigens fraglich wäre, ob ein in einem Werkvertrag ent-
haltener allgemeiner Hinweis auf die SIA-Bedingungen als gültiger Verzicht auf die Garantie des Wohnsitzrichters gelten könnte. Aber auch der
weitern von K. gemachten Überlegung, R. sei als Mitglied des SIA an dessen Statuten und Normen gebunden und müsse sich für Ansprüche aus
Werkverträgen am Ort der Bauausführung belangen lassen, kann nicht
beigepflichtet werden. Wohl müssen sich nach Art. 6 der Statuten die Mitglieder an die Grundsätze des Vereins halten. Durch die fragliche Bestimmung können indessen Dritte keine Rechte gegenüber Mitgliedern be-
gründen. Gleiches gilt für die vom SIA aufgestellten Bedingungen für Bauarbeiten, die ein Vertragsmuster darstellen, also nur Vertragsinhalt
werden, wenn und soweit die Vertragspartner darauf verweisen.

Schliesslich kann auch nicht in der Einlassung des R. auf das Sühnever-
fahren und das Verfahren betr. vorsorgliche Beweisaufnahme ein Verzicht auf den Gerichtsstand des Wohnsitzes erblickt werden. Die vorsorgliche Beweisaufnahme dient der Sicherstellung gefährdeter Beweise,
und das Begehren hiefür ist keine Klage, und zwar auch dann nicht, wenn
es sich auf einen spätern Forderungsprozess bezieht. «Eine persönliche
Ansprache» im Sinne von Art. 59 BV liegt nicht vor.

BGE 87 I 53 ff.

Das vom Schweizerischen Ingenieur- und Architektenverein aufgestellte Vertragsformular für *Bauherr und Architekt* sieht ein *Schiedsgericht* vor, das sein Urteil nach einer besondern Schiedsgerichtsordnung zu fällen hat. *Gerichtsstand ist der Geschäftssitz des Architekten* (SIA Form. 21, Ausgabe 1959, Art. 5). Als Schiedsrichter werden in der Regel Baufachleute beigezogen, die nach Zeitaufwand zu honorieren sind und die ihrerseits, wenn Probleme juristischer Natur zur Diskussion stehen, einen Juristen als Gerichtsschreiber beiziehen können. Die Erfahrung lehrt, dass solche Schiedsgerichte, verglichen mit der staatlichen Justiz, bei geringfügigen Streitwerten unverhältnismässig hohe Kosten bedingen.

Der Unternehmer hat vor Anhebung eines Prozesses nicht nur die Frage des *sachlich* und *örtlich zuständigen Gerichtes* anhand der getroffenen Vereinbarung sorgfältig abzuklären, darüber hinaus wird er sich überlegen müssen, *wen* er als Schuldner ins Recht zu fassen hat. Ohne gründliche Abklärung dieses Punktes läuft er Gefahr, dass seine Klage wegen *fehlender Passivlegitimation des Beklagten* abgewiesen wird. Fehlüberlegungen bezüglich der einzuklagenden Person unterlaufen dem rechtsunkundigen Handwerker hauptsächlich dann, wenn sich der eigentliche Auftraggeber im Hintergrund hält und die von ihm eingesetzten Dritten als «Pseudo-Bauherren» mit den Handwerkern unterhandeln, Weisungen erteilen und Entscheidungen treffen, oder aber, wenn ein als *Generalunternehmer auftretender Architekt* von den Handwerkern nicht als solcher erkannt wird.

> Verspricht ein *Architekt,* ein Haus schlüsselfertig zu erstellen, so ist der Besteller *nur ihm den Werklohn zu bezahlen verpflichtet,* nicht auch den Dritten gegenüber, denen der Architekt die Ausführung übertragen hat. Eine solche Verpflichtung besteht auch dann nicht, wenn der Besteller den Dritten zwar Anzahlungen geleistet hat, die Quittungen aber auf den Namen des Architekten lauten.
>
> SJZ 50, S. 32

> Der Bauherr, welcher einem *Architekten* die schlüsselfertige Erstellung eines Wohnhauses zu einem *Pauschalpreis* überträgt, ist nur diesem gegenüber zur Zahlung verpflichtet. Die vom Architekten beigezogenen Handwerker können vom Bauherrn keine Befriedigung ihrer Ansprüche fordern. Das ist auch so zu halten, wenn der Bauherr im Laufe der Bauausführung zusätzliche Arbeiten in Auftrag gibt oder Änderungen anordnet. Diese gelten als im Rahmen der mit dem Architekten vereinbarten Pauschalabmachung getroffen. Sie bewirken eine Erhöhung des A-forfait-

Preises, machen indessen den Architekten, der die Zusatzaufträge den Handwerkern erteilte, nicht zum Beauftragten des Bauherrn. Die Klage ist, da falsch eingeleitet, abzuweisen, ohne dass die Berechtigung der Forderung untersucht werden muss.

Semaine judiciaire 79 (1957), S. 597 ff.

6. Der Honoraranspruch des Architekten

Wie anlässlich der Abgrenzung von Werkvertrag und Auftrag ausgeführt worden ist (S. 23), qualifiziert sich die Tätigkeit des Architekten dann als *Auftrag*, wenn die ihm überbundene Aufgabe die gesamte Projektierung und Bauleitung umfasst. Die *Entschädigung* bemisst sich alsdann nach der getroffenen Parteiabrede. Oft wird die Honorarordnung des Ingenieur- und Architektenvereins als verbindlich erklärt. Gelegentlich einigen sich Bauherr und Architekt auf ein *pauschales Honorar*, oder es wird der Architekt ermächtigt, sein Honorar zu einem bestimmten *Stundenansatz* nach Massgabe der aufgewendeten Zeit zu berechnen.

Die *Verfertigung von Plänen und Berechnungen allein* ist, wie an anderm Orte ausgeführt wurde, als *werkvertragliche Abmachung* zu betrachten, wobei es nun verhältnismässig häufig vorkommt, dass die Werklohnforderung des Architekten sowohl grundsätzlich als auch der Höhe nach vom Bauherrn bestritten wird. Bauinteressent und Architekt beginnen ihre Verhandlungen vielfach, ohne die Honorarfrage anzuschneiden. Der Bauherr äussert seine Bauabsichten, die in der Hand des Architekten in Form von Projektskizzen und Kostenberechnungen Gestalt annehmen. Führen die Verhandlungen schliesslich nicht zur Übertragung des Architekturauftrages, so stellt sich die oft schwer zu beantwortende Frage nach der Entschädigung der vom Architekten erbrachten Leistungen. Während auf seiten des Bauherrn die Meinung besteht, der Architekt habe sein Wissen und Können im Hinblick auf einen eventuellen Auftrag *unentgeltlich* zur Verfügung gestellt, betrachtet der Architekt seinen Anspruch auf Entschädigung der getanen Arbeit als selbstverständlich. Praxis und Rechtsprechung zeigen, dass je nach dem Sachverhalt beide Auffassungen vertretbar sind.

Grundsätzlich ist zweifellos davon auszugehen, dass ein Architekt seine Leistungen nicht entschädigungslos erbringt. Man kann von ihm ebensowenig wie von Handwerkern, Anwälten oder Ärzten erwarten, dass er unentgeltlich tätig wird (SJZ 17, S. 378). Diese allgemeine

Regel erleidet aber dort eine Ausnahme, wo nach der Sachlage der Architekt offensichtlich eine Bezahlung seiner Bemühungen nicht erwarten durfte. Dies ist der Fall, wenn der Architekt einem Bauinteressenten *seine Dienste anbietet, ohne hiezu aufgefordert* worden zu sein, und, um seiner Offerte grösseres Gewicht zu verleihen, aus eigenem Antrieb Projektskizzen und Kostenberechnungen vorlegt. Pläne und Kostenvoranschläge sind auch dann nicht zu bezahlen, wenn sie im Rahmen einer *besonders eingehend gehaltenen Offerte* (insbesondere bei Wettbewerben oder Submissionen) ausgearbeitet werden (SJZ 37, S. 359). Keinen Anspruch auf Entgelt hat der Architekt schliesslich auch dann, wenn er mit seinem Vorschlag *die vom Bauinteressenten verbindlich angesetzte Kostensumme erheblich überschreitet.* Weil das Projekt für den Besteller unbrauchbar ist, kann ihm dessen Bezahlung billigerweise nicht zugemutet werden (SJZ 44, S. 311, und 45, S. 327).

Meinungsverschiedenheiten zwischen Bauherr und Architekt kommen gelegentlich vor bezüglich der *Honorierung von Baueingabeplänen.* Kein Honorar ist geschuldet, wenn der Architekt eine Baueingabe verfasst und einreicht, die in krasser Weise den geltenden Bauvorschriften widerspricht (Bauabstände sind nicht eingehalten, die Gebäudehöhe ist überschritten, die Ausnützungsziffer ist falsch berechnet worden).

Wenn es beim *Vorprojekt* noch zulässig ist, dieses mit wenigen Strichen darzustellen, müssen die *Ausführungspläne* derart detailliert sein, dass nach ihnen die Erstellung der Baute auf rationellste Weise möglich ist. Es bedeutet dies, dass in den Plänen alle für die verschiedenen Handwerker notwendigen Angaben enthalten sein müssen (Aussparungen, Schlitze, Durchbrüche für Elektriker-, Sanitär- und Heizungsfirma). Der Architekt darf sich nicht darauf beschränken, einige wenige mehr oder weniger vollständige Pläne abzuliefern. *Kommt es über den bestrittenen Honoraranspruch zum Prozess, ist es Aufgabe des Gerichtsexperten, die vom Architekten vorzulegenden Pläne zu bewerten und ihre Aussagekraft festzustellen.*

> Detailpläne verdienen diesen Namen nur, wenn sie alle notwendigen Masse, Angaben über Dimensionen, Baumaterialien, Höhequoten, Wand-, Boden- und Deckenbehandlung enthalten. *Ein Bauvorhaben kann nur rationell ausgeführt werden, wenn genaue Pläne vorliegen.* Die Mängel der Pläne lassen sich nicht durch eine intensivere örtliche Bauführung ausgleichen.
> Praxis des Kantonsgerichtes von Graubünden Jg. 1969, S. 33/34

Der Architekt hat einen Honoraranspruch nur, wenn er nützliche Dienste leistet. Das ist nach dem Kantonsgericht Fribourg nicht der Fall, wenn die zuständige Behörde zum Ergebnis kommt, es seien die eingereichten Pläne mangelhaft und unvollständig, und die Baubewilligung sei zu verweigern. Wohl ist der Architekturauftrag kein Erfolgsvertrag wie der Werkvertrag. Der Bauherr ist aber nicht gehalten, eine unbrauchbare Arbeit zu bezahlen. Im konkreten Fall hatte sich der Architekt geweigert, von der Möglichkeit Gebrauch zu machen, die Pläne in Übereinstimmung mit den Empfehlungen des Bauamtes zu ändern und zu ergänzen.

> Extraits des Principaux Arrêts du Tribunal cantonal de l'Etat de Fribourg 1976, S. 38 ff.

Nach einem Entscheid des Oberlandesgerichtes Düsseldorf, veröffentlicht in Baurecht 2/76, ist der Bauherr nicht gehalten, Entwürfe, die ohne seine Veranlassung und sein Einverständnis angefertigt werden, zu bezahlen. Der Architekt muss beweisen, dass er den Bauherrn über die Kosten für eine vorzeitige Erstellung von Ausführungszeichnungen unterrichtet hat. Der Architektenvertrag ist so auszulegen, dass die einzelnen Leistungen in zeitlicher Folge sukzessive nur insoweit zu erbringen sind, als dies zur Verwirklichung des Auftrages notwendig ist.

> Baurecht 2/76, S. 141 f., unter Hinweis auf Walter BINDHARDT, «Die Haftung des Architekten», 6. Auflage, Düsseldorf 1971, S. 96–98

Ein Architekt, der sich nicht im Besitz des eidgenössischen Diploms befindet, ist nicht befugt, für die Ausarbeitung von Plänen und Kostenvoranschlägen den Tarif des Schweizerischen Ingenieur- und Architektenvereins anzuwenden. Da hierüber im Kanton Tessin keine Vorschriften bestehen, sind die Ansätze des genannten Tarifs unter Berücksichtigung der besonderen Umstände des Falles nach freiem Ermessen herabzusetzen. Wurde die Baute im wesentlichen nach den erstellten Plänen ausgeführt, so rechtfertigt es sich, das Honorar auf 80% des Tarifs anzusetzen.

> SJZ 50, S. 32

Der Bauinteressent, der behauptet, er habe mit dem Architekten vereinbart, dieser solle erst einmal unentgeltlich für ihn arbeiten und erst dann Zahlung verlangen können, wenn tatsächlich gebaut werde, ist für eine solche Behauptung beweispflichtig, wobei an die Beweisführungspflicht besonders strenge Anforderungen zu stellen sind, wenn der Bauinteressent Arbeiten und Aufwendungen des Architekten in erheblichem Umfange duldete (Hugo GLASER, «Rechtsprechung aus dem Bau-, Grundstücks- und Nachbarrecht», 1. Band, S. 57, Berlin 1957).

Der in Abmachungen zwischen Bauherrn und Architekt gelegentlich anzutreffende Ausdruck «*unverbindlich*» (sans engagement) bedeutet nicht, dass der Architekt die Pläne unentgeltlich zu erstellen habe; damit will sich der Bauherr lediglich die freie Entscheidung wahren, die Ausführung des Werkes nach den Plänen des beauftragten Architekten zu unterlassen oder sie einem andern Architekten zu übertragen (SJZ 53, S. 29; GLASER, S. 57).

Für die Bestimmung der *Höhe des Honorars* ist die SIA-Ordnung 102 des Schweizerischen Ingenieur- und Architektenvereins, wenn die Parteien sie nicht zum massgebenden Vertragsinhalt machten, *nicht ohne weiteres anwendbar;* denn diese Ordnung hat keineswegs die Bedeutung eines Zwangstarifes. Der dem Ingenieur- und Architektenverein nicht angeschlossene Architekt kann sich auch nicht auf eine Übung berufen, wonach jeder Architekt Anspruch auf Entschädigung nach der SIA-Ordnung 102 hätte.

> Der vom SIA herausgegebene Vertrag zwischen Bauherrn und Architekt und die ihn ergänzende Honorarordnung für Architekturarbeiten hat nicht die Bedeutung eines allgemeinverbindlichen Vertrages oder eines Normalvertrages im Sinne von OR Art. 324, sondern tritt nur bei übereinstimmendem Willen des Bauherrn und des Architekten in Kraft. Der Kläger kann sich aber auch nicht auf eine den Bedingungen des SIA entsprechende Usance berufen, weil er nicht Mitglied dieses Berufsverbandes ist. Der Richter hat deshalb eine den Umständen angemessene Entschädigung zuzusprechen.
>
> SJZ 53, S. 77

Nach der geänderten Fassung des Art. 128 Abs. 3, in Kraft seit 1. Januar 1972, verjährt die Honorarforderung des Architekten mit Ablauf von zehn Jahren seit Eintritt der Fälligkeit. Aufträge an Architekten werden in der Regel nicht wie Bestellungen an Handwerker rasch und ohne längere Aufbewahrung von Quittungen abgewickelt. Die Abwicklung des Vertrages eines Architekten erfordert meistens längere Zeit (BGE 98 II 184 ff. mit sehr ausführlicher Begründung unter Hinweis auf Rechtsprechung und Lehre).

V. Gewährleistung und Mängelrüge

1. Grundsätzliches zur Gewährleistungspflicht des Unternehmers nach OR und SIA Norm 118

Art. 363 OR stipuliert allgemein die Pflicht des Unternehmers zur Werkherstellung, und Art. 366 ist zu entnehmen, dass Beginn, Ausführung und Vollendung des Werkes termingerecht erfolgen müssen. Allein damit ist dem Besteller noch nicht gedient. Darüber hinaus darf er verlangen, dass die verfertigte Sache in allen Teilen den getroffenen Abmachungen entspreche, dass sie die *zugesicherten Eigenschaften* aufweise und sich für den *vorausgesetzten Gebrauch* eigne. Dafür und dass die übergebene Sache keinerlei Mängel besitze, muss der Unternehmer einstehen; *er hat die Mängelfreiheit seiner Lieferung zu gewährleisten.*

Die Frage nun, ob ein bestimmtes Werk vertragsgemäss geliefert wurde oder ob es diese Qualifikation nicht beanspruchen dürfe, lässt sich nicht abstrakt, sondern nur anhand des konkreten einzelnen Falles und in Kenntnis der Parteiabrede, der massgebenden Branchenusanzen u.ä. beantworten (vgl. die interessanten und instruktiven Erwägungen des Zürcher Handelsgerichtes betreffend Feststellung von Mängeln einer Zentralheizung ZR 37 Nr. 95). Im allgemeinen wird man eine Sache als mangelhaft bezeichnen, wenn ihre Beschaffenheit von der Beschaffenheit abweicht, welche Dinge gleicher Art üblicherweise haben. Ob Mängel vorliegen und, ferner, ob sie im Sinne der massgebenden gesetzlichen Vorschriften von Art. 368 OR in Verbindung mit Art. 197 erheblich sind, hat letztlich der urteilende Richter zu entscheiden.

Darüber, was im *Baugewerbe* branchenüblich ist, welche Eigenschaften eine bestimmte handwerkliche Leistung aufweisen soll und wofür der Unternehmer einzustehen hat, geben die zahlreichen vom Schweizerischen Ingenieur- und Architekten-Verein in Zusammenarbeit mit den massgebenden Fachverbänden aufgestellten «Normen für die Ausführung von Bauarbeiten» Auskunft. Sie sind für die Parteien freilich nur verbindlich, wenn sie zum Bestandteil der getroffenen Vereinbarung gemacht wurden, und gelten auch nur dann, wenn sie mit den übrigen Vertragsbestimmungen nicht im Widerspruch stehen.

Die vom SIA allgemein für Bauarbeiten ausgearbeiteten Bedingungen (Norm 118) auferlegen dem Unternehmer die Pflicht, die übernommenen Arbeiten plangetreu und entsprechend den Weisungen der Bauleitung so auszuführen, dass sie die «aus den Umständen erkennbare Zweckbestimmung» bestmöglich zu erfüllen vermögen. Der Unternehmer wird für solide, fach- und kunstgerechte Ausführung der Akkord- und Taglohnarbeiten sowie für die Beobachtung der einschlägigen polizeilichen und gesetzlichen Vorschriften verantwortlich erklärt. Sodann wird dem Unternehmer die Haftung überbunden für die sorgfältige und mängelfreie Ausführung des Werkes, die Solidität der Baukonstruktion und die Richtigkeit der ihrer Ausführung zugrunde gelegten Berechnungen, wenn er die Konstruktionsarten selbst vorgeschlagen hat.

Neben der Norm 118 bestehen für die wichtigsten baugewerblichen Leistungsgattungen *Sondernormen*, die, falls sie nicht im Einklang mit den allgemeinen Bedingungen (Norm 118) stehen, letztern vorgehen.

> Den Vertrieb dieser Normen, die in deutscher, zum Teil auch in französischer und italienischer Sprache erhältlich sind, besorgt das Generalsekretariat des SIA, Postfach, 8039 Zürich.

Der Unternehmer trägt nicht nur die Verantwortung für die eigene Arbeit, unter Umständen erweitert sich seine Verantwortung in der Weise, dass er indirekt auch für die *ungenügenden Leistungen anderer am Bau beteiligter Personen einzustehen hat*. Diese zusätzliche Verantwortung kann ihn treffen, wenn er gezwungen ist, auf fremder, seinem Werk dienender Vorarbeit aufzubauen. In solchen Fällen obliegt ihm die Pflicht, zu prüfen, ob sich für sein Werk aus dieser Vorarbeit Gefahren ergeben können. Missachtet er diese Pflicht und baut er sein Werk auf erkennbar schlechter Vorarbeit auf, so wird seine Arbeitsleistung, mag sie auch als solche in Ordnung sein, mangelhaft. An die Prüfungspflicht des nachfolgenden Unternehmers ist ein um so strengerer Massstab zu legen, je weniger der die Vorarbeit leistende Handwerker Kenntnisse des Gewerbes des zweiten Unternehmers haben kann (Hugo GLASER, «Rechtsprechung des Bau-, Grundstücks- und Nachbarrechts», S. 102/103, Bd. 3).

Eine erweiterte Haftpflicht des Unternehmers kann sich sodann ergeben, wenn der bauleitende *Architekt* seine Aufgabe mangelhaft erfüllt. Grundsätzlich ist der Bauunternehmer von eigener Verantwortung für die Arbeit der Bauausführung frei, wenn er den Anordnungen des vom Bauherrn bestellten Architekten folgt oder sich dessen Zustimmung versichert. Wenn der Unternehmer aber gestützt auf sein besonderes Fachwissen feststellt, dass die Pläne oder Weisungen des Architekten fehlerhaft sind, so darf er solche Fehler nicht mit Stillschweigen übergehen, er ist vielmehr gehalten, seine Wahrnehmungen der Bauleitung zu melden, ansonsten ihn für allfällige nachteilige Folgen die Verantwortung trifft (Otto CHRISTOFFEL, «Bauunternehmer- und Bauhandwerkerrecht», 1956, S. 156/157).

Nach der SIA Norm 118, Ausgabe 1977/1991, «Allgemeine Bedingungen für Bauarbeiten», Art. 25 ist der Unternehmer verpflichtet, die Bauleitung auf vorhandene, für ihn leicht erkennbare Fehler oder Gefahren der ihm vorgeschriebenen Konstruktion oder bestehende Unklarheiten *schriftlich* aufmerksam zu machen (Text des Art. 25 siehe vorn S. 32).

Nach dem genannten Artikel sollen die Anzeigen *schriftlich* erfolgen, und mündliche Anzeigen sind zu protokollieren. Diese Bestimmung ist indessen nur eine blosse *Ordnungsvorschrift*. Auch eine mündliche Abmahnung genügt, diese muss aber vom Unternehmer bewiesen werden (BR 1984, S. 54f., Nr. 66).

> Ein von einem Baumeister leicht erkennbarer und darum meldepflichtiger Mangel dürfte beispielsweise die in die Pläne des Architekten eingezeichnete ungenügende «Gefriertiefe» der Fundamentmauern sein.
> Der Bauhandwerker, der seine Anzeigepflicht verletzt, kann sich für diese Unterlassung nicht damit rechtfertigen, es dürfe ihm als gewöhnlichem Handwerker nicht zugemutet werden, den vom Bauherrn bestellten Architekten auf Mängel in den Plänen, die seine Arbeiten betreffen, aufmerksam zu machen, weil er mit einer solchen Kritik in der Regel übel ankommen würde. Er hat die seiner Ansicht nach falschen Anordnungen der Bauleitung zu beanstanden, da er der eigentliche Sachverständige ist, sachverständiger als der die Pläne ausarbeitende Architekt.
> HE 17, S. 207/208

2. Die Voraussetzungen der Mängelrüge

Der Besteller, der am in Auftrag gegebenen Werk Mängel feststellt, muss diese dem Unternehmer zur Kenntnis bringen, er muss, wie der juristische Fachausdruck lautet, *Mängelrüge erheben.* Die Anbringung der Mängelrüge hat die *Ablieferung* des Werkes und die *Prüfung* desselben zur Voraussetzung.

Die in Art. 367 OR vorgesehene Prüfung bezieht sich auf die *Beschaffenheit des Werkes.* Sie soll zeigen,

– ob die vom Unternehmer zugesicherten Eigenschaften vorhanden sind, ferner,

– ob dem Werk Mängel anhaften, die den Wert oder die Tauglichkeit zum vorausgesetzten Gebrauch aufheben oder erheblich mindern (Art. 197 Abs. 1 und Art. 368 OR).

Die Prüfung hat nicht auf Grund theoretischer, von der Wirklichkeit losgelöster Überlegungen zu erfolgen. Es geht vielmehr darum, konkret festzustellen, ob die fragliche Lieferung in allen Teilen der getroffenen werkvertraglichen Abmachung entspricht. Verglichen wird die *Sollbeschaffenheit* einer Lieferung mit ihrer *tatsächlichen Beschaffenheit* (GAUTSCHI, Note 14b zu Art. 367 OR, S. 282).

Nach Art. 367 OR soll die Prüfung *nach der Ablieferung,* «sobald es nach dem üblichen Geschäftsgang tunlich ist», vorgenommen werden. Als *Ablieferung* gilt die in der Absicht der Vertragserfüllung geschehene Übermittlung des Werkes in die Verfügungsgewalt des Bestellers. Ob eine *richtige* Erfüllung vorliege, spielt dabei keine Rolle. Bei Bauwerken wird es nicht immer einfach sein, festzustellen, wann im Sinne des Gesetzes eine Ablieferung, mit welcher die Rügefrist zu laufen beginnt, erfolgt ist. *Eine förmliche Übergabe* kann bei Bauten, die mit dem Boden verbunden sind, nicht in Frage kommen. An ihre Stelle tritt üblicherweise die Abnahme des Bauwerkes durch den Bauherrn oder den ihn vertretenden Architekten (BECKER, Art. 367, Note 2).

Wird die Abnahme des Werkes weder durch gemeinsame Handlung der Parteien vorgesehen noch vorgenommen, so gilt nach der Rechtsprechung als Zeitpunkt der Übergabe das Datum, an welchem der Unternehmer seine Arbeit in dem dem Besteller erkennbaren Sinne beendigte, und zwar so, dass das Werk als fertig angesehen werden konnte und der Besteller es in Gebrauch nehmen durfte (ZR 19 Nr. 152).

Dem Umstand, dass der Besteller die in Auftrag gegebene Baute vor deren Vollendung bezog, kommt für den Beginn der Rügefrist keine entscheidende Bedeutung zu; denn die Ablieferung kann erst stattfinden, wenn sämtliche Arbeiten vollendet sind.

BGE 25 II 867

Wenn Art. 367 OR erklärt, die *Prüfung habe, sobald es nach dem üblichen Geschäftsgang tunlich sei, zu erfolgen,* so ist «der übliche Geschäftsgang» gleichbedeutend dem ordnungsgemässen Geschäftsgang, wie er in einem ordentlichen, sorgfältig geführten Betrieb gebräuchlich ist (BECKER, Art. 367, Note 3).

Zeitlich ist die Rüge unverzüglich nach Entdeckung der Mängel anzubringen. Entdeckt ist ein Mangel mit der zweifelsfreien Feststellung. Will der Besteller aus Art. 370 Abs. 3 OR Rechte ableiten, so hat er nach der allgemeinen Regel des Art. 8 ZGB die Rechtzeitigkeit der Rüge darzutun; dazu gehört aber auch der Beweis, wann der gerügte Mangel für ihn erkennbar geworden ist, wie und wem er ihn mitgeteilt hat.

Da beim vom Kläger beanstandeten Flachdach Wasser schon Mitte Oktober 1977 *«in Strömen»* eindrang, war das Flachdach damals offenkundig undicht. Die Wahrnehmung dieses Vorganges fiel also mit der Entdeckung des Werkmangels zusammen, und nichts hätte den Bauherrn gehindert, den Mangel unverzüglich anzuzeigen. Selbst wenn man ihm (so GAUCH) eine kurze Erklärungsfrist zubilligen will, muss nicht nur die schriftliche Rüge vom 10.11.77, sondern auch eine allfällige mündliche vom 4.11.77 als verspätet bezeichnet werden.

BGE 107 II 176/77

Werkmängel sind sofort zu rügen. Das Erfordernis der sofortigen Anzeige schliesst freilich nicht aus, dass dem Besteller eine kurze *Erklärungsfrist* zugestanden werden muss. Sie ist die *Reaktionszeit,* innerhalb welcher der Besteller den Entschluss zur Mängelrüge fassen und ausführen muss. Ist der Besteller aber entschlossen, muss er die Mängelrüge rasch erheben.

Luzerner Gerichts- und Verwaltungsentscheide 1974, S. 222

Unsachgemässe Ausführung von Gipserarbeiten. Mängelrüge. Treten verdeckte Mängel auf, so sind sie sofort zu rügen. Der Besteller trägt die Beweislast, dass er rechtzeitig und in gehöriger Form gerügt hat. Er hat zudem zu beweisen, wann der Mangel aufgetreten ist (Hinweis auf GAUCH 1974, S. 359 und 399). Obwohl der Bauherr nicht verpflichtet ist, das Werk ständig auf Mängel zu prüfen, besteht für Risse eine kurze Erklärungsfrist. Wenn, wie der Besteller behauptet, der Unternehmer auf die Mängelrüge eingetreten ist und Behebung der Mängel versprochen hat, dann hätte der Unternehmer durch dieses Verhalten auf den Einwand, die Prüfung und die Rüge seien verspätet erfolgt, konkludent verzichtet. Dass sich der Unternehmer so verhielt, war nicht bewiesen, weshalb das Gericht die Klage nicht schützte.

> ZR 74, S. 229 ff.

Entsprechend der Art und dem Umfang des Werkes kann die Prüfung einen grössern oder kleinern Zeitaufwand bedingen. Oft lässt sich ein Werk, z.B. eine Maschine, nur durch ausgedehnte Proben prüfen, und hiefür ist dem Besteller die nötige Zeit einzuräumen.

> Für die Erprobung einer auf einem 2472 m hohen Bergpass *installierten Windkraftanlage* ist dem technisch unerfahrenen Besteller eine angemessene Zeitspanne einzuräumen; denn die richtige Dimensionierung der Windflügel, die Widerstandsfähigkeit des Materials und die Solidität der Konstruktion lassen sich nur durch länger andauernden Gebrauch der Anlage feststellen. Der Beizug eines Experten in der Zeit zwischen Weihnacht und Neujahr zwecks fachmännischer Kontrolle der Anlage ist dem Besteller nicht zuzumuten. Wenn er, nachdem sich bei einem Sturm Anfang Januar, etwa zehn Tage nach der Ablieferung, Mängel zeigten, diese sofort rügte, erfolgte die Reklamation zur Zeit. Zu Unrecht schliesst der Unternehmer aus dem rund zehn Tage dauernden Stillschweigen des Bestellers auf eine stillschweigende Annahme des Werkes.
>
> Journal des Tribunaux 94, S. 437.

Die «Allgemeinen Bedingungen für Bauarbeiten» (Norm 118) wie auch die verschiedenen für bestimmte Arbeitsgattungen aufgestellten Sondernormen regeln die Frage der Prüfung der bauhandwerklichen Leistungen einlässlich. Die SIA Norm 118, Ausgabe 1977/1991, enthält bezüglich der *Abnahme des Werkes* die folgenden Bestimmungen:

Abnahme

Gegenstand und Wirkung
Art. 157

[1] Gegenstand der Abnahme kann das vollendete Werk (Art. 1) sein oder, falls sich aus dem Werkvertrag nicht etwas anderes ergibt, auch ein in sich geschlossener vollendeter Werkteil.

[2] Mit der Abnahme ist das Werk (oder der Werkteil) abgeliefert. Es geht in die Obhut des Bauherrn über; dieser trägt fortan die Gefahr. Sowohl die Garantie- als auch die Verjährungsfrist für Mängelrechte des Bauherrn beginnen zu laufen (Art. 172 Abs. 2, Art. 180 Abs. 1).

Anzeige der Vollendung; gemeinsame Prüfung

Art. 158

[1] Der Unternehmer leitet die Abnahme dadurch ein, dass er der Bauleitung die Vollendung des Werkes oder eines in sich geschlossenen Werkteils (Art. 157 Abs. 1) anzeigt. Die Anzeige erfolgt mündlich oder schriftlich. Nimmt indessen der Bauherr ein vollendetes ganzes Werk von sich aus in Gebrauch (z.B. zum Weiterbau), so wird es gleich gehalten, wie wenn die Anzeige in diesem Zeitpunkt erfolgt wäre.

[2] Auf die Anzeige hin wird das Werk (oder der Werkteil) von der Bauleitung gemeinsam mit dem Unternehmer innert Monatsfrist geprüft. Der Unternehmer nimmt an der Prüfung teil und gibt die erforderlichen Auskünfte. Die Bauleitung kann Belastungsproben und andere Prüfungen nach Art. 139 Abs. 1 und 2 anordnen.

[3] Über das Ergebnis der Prüfung wird in der Regel ein Protokoll aufgenommen und sowohl von der Bauleitung als auch vom Unternehmer durch Unterzeichnung anerkannt. Das Protokoll hält den Zeitpunkt fest, an dem die Prüfung abgeschlossen wurde.

Abnahme des geprüften Werkes

Abnahme des mängelfreien Werkes
Art. 159
Zeigen sich bei der gemeinsamen Prüfung (Art. 158 Abs. 2) keine Mängel (Art. 166), so ist das Werk (oder der Werkteil) mit Abschluss der Prüfung abgenommen.

Abnahme bei unwesentlichen Mängeln
Art. 160
Zeigen sich bei der gemeinsamen Prüfung (Art. 158 Abs. 2) Mängel, die im Verhältnis zum ganzen Werk (oder Werkteil) unwesentlich sind, so findet die Abnahme gleichwohl mit Abschluss der gemeinsamen Prüfung statt; doch hat der Unternehmer die festgestellten Mängel innert angemessener Frist, die der Bauherr ansetzt, zu beheben (Art. 169).

Zurückstellung bei wesentlichen Mängeln
Art. 161
[1] Zeigen sich bei der gemeinsamen Prüfung (Art. 158 Abs. 2) wesentliche Mängel, so wird die Abnahme zurückgestellt. Trotz der Zurückstellung kann das Werk (oder der Werkteil) dem Bauherrn in gegenseitigem Einverständnis zum Weiterbau oder zur Ingebrauchnahme überlassen werden.

[2] Der Bauherr setzt dem Unternehmer ohne Versäumnis eine angemessene Frist zur Behebung der Mängel.

[3] Der Unternehmer beseitigt die Mängel innerhalb der angesetzten Frist und zeigt dem Bauherrn den Abschluss der Verbesserung unverzüglich an. Darauf

werden die beanstandeten Bauteile innert Monatsfrist nochmals gemeinsam geprüft. Zeigen sich keine wesentlichen Mängel mehr, so ist das Werk (oder der Werkteil) mit Abschluss dieser Prüfung abgenommen.

Abnahme trotz wesentlicher Mängel
Art. 162

Trotz wesentlicher Mängel erfolgt die Abnahme:
- wenn der Bauherr nach Abschluss der gemeinsamen Prüfung (Art. 158 Abs. 2) nicht ohne Versäumnis Frist zur Behebung der festgestellten wesentlichen Mängel ansetzt (Art. 161 Abs. 2); alsdann gilt das Werk (oder der Werkteil) trotz dieser Mängel mit Abschluss der Prüfung als abgenommen; der Bauherr bleibt aber berechtigt, die Beseitigung der Mängel zu verlangen und gegebenenfalls die übrigen Mängelrechte gemäss Art. 169 und Art. 171 geltend zu machen;
- wenn sich bei der nochmaligen Prüfung nach Ablauf der gemäss Art. 161 Abs. 2 angesetzten Verbesserungsfrist immer noch wesentliche Mängel zeigen und der Bauherr nicht ohne Versäumnis, gestützt auf Art. 169, entweder weiterhin auf der Verbesserung beharrt oder vom Vertrag zurücktritt; alsdann gilt das Werk (oder der Werkteil) trotz dieser Mängel mit Abschluss der nochmaligen Prüfung (Art. 161 Abs. 3) als abgenommen, jedoch unbeschadet der Mängelrechte des Bauherrn (Art. 169, Art. 171);
- wenn der Bauherr sein Minderungsrecht gemäss Art. 169 Abs. 1 Ziff. 2 ausübt; alsdann wird das Werk (oder der Werkteil) zugleich mit der Minderungserklärung abgenommen, sofern die Abnahme nicht schon früher stattgefunden hat.

Abnahme bei Verzicht auf die Geltendmachung von Mängeln
Art. 163

[1] Hat die Bauleitung bei der gemeinsamen Prüfung (Art. 158 Abs. 2) einen Mangel zwar erkannt, auf dessen Geltendmachung aber ausdrücklich oder stillschweigend verzichtet, so gilt das Werk (oder der Werkteil) für den Mangel, soweit er erkannt wurde, als genehmigt. Der betreffende Mangel hindert in keinem Falle, dass die Abnahme mit Abschluss der Prüfung eintritt; für ihn entfällt die Haftung des Unternehmers in dem Umfang, als der Mangel von der Bauleitung erkannt wurde.

[2] Stillschweigender Verzicht wird vermutet für erkannte Mängel, die ein allfälliges Prüfungsprotokoll (Art. 58 Abs. 3) nicht aufführt; ferner für Mängel, die bei der gemeinsamen Prüfung offensichtlich waren, jedoch nicht geltend gemacht wurden. Im zweiten Falle ist die Vermutung unwiderleglich.

Abnahme ohne Prüfung

Art. 164

[1] Unterbleibt nach Anzeige der Vollendung (Art. 158 Abs. 1) die gemeinsame Prüfung innert Monatsfrist deswegen, weil entweder keine der Parteien die

Prüfung verlangt oder von seiten des Bauherrn die Mitwirkung unterlassen wird, so gilt das Werk (oder der Werkteil) mit Ablauf dieser Frist dennoch als abgenommen.

[2] Keine Abnahme findet jedoch statt, solange die gemeinsame Prüfung deswegen unterbleibt, weil der Unternehmer die Mitwirkung unterlässt.

[3] Unterbleibt nach Anzeige der Verbesserung (Art. 161 Abs. 3) die nochmalige Prüfung des Werkes (oder des Werkteils) innert Monatsfrist, so gelten Abs. 1 und 2 sinngemäss.

Durch entsprechenden Verweis in den Werkverträgen können die Parteien vorstehende Bestimmungen der SIA Norm 118 (1977), die den Verhältnissen des Baugewerbes Rechnung tragen, anstelle der gesetzlichen Ordnung für sich als verbindlich erklären (GAUTSCHI, S. 300 oben). Fehlt ein solcher Hinweis, so gilt die SIA Norm 118 keineswegs *automatisch,* sozusagen als Branchenusanz. In diesem Sinne hat sich das Handelsgericht des Kantons Zürich am 5.6.1962 in einem Streit, welcher die Rechtsbeziehungen zwischen Unternehmer und Unterakkordant betraf, u.a. wie folgt geäussert:

> *Für die Anwendung der SIA-Normen im Verhältnis zwischen Unternehmer und Unterakkordant* genügt die Berufung *auf eine allgemeine Übung im Zürcher Baugewerbe* nicht, wonach sich dieses den SIA-Bestimmungen unterstelle und diese damit geradezu Gewohnheitsrecht geworden seien. Selbst wenn dem so wäre, träfe dies nach Auffassung des Zürcher Handelsgerichts jedenfalls nur für die Rechtsbeziehungen zwischen Bauherrn, Bauleitung und Unternehmer zu, für welche die Bedingungen geschaffen wurden, nicht aber für das Verhältnis Unternehmer/Unterakkordant.
>
> ZR 62 Nr. 38, vgl. ferner BGE 107 II 178

Nach Art. 367 Abs. 2 OR ist jeder Teil berechtigt, eine *Prüfung durch Sachverständige* und Beurkundung des Befundes zu verlangen. Wenn der Besteller Laie ist, wird er von dieser Möglichkeit zu seinem eigenen Vorteil Gebrauch machen; denn Art. 370 OR befreit den Unternehmer von seiner Haftpflicht für Mängel, die bei der Ablieferung erkennbar waren, aber vom Besteller nicht gerügt worden sind. Dabei spielt es keine Rolle, ob der Besteller als Nichtfachmann ausserstande war, die betreffenden Mängel festzustellen (SJZ 8, S. 356; Praxis 1, S. 168/169).

Zur Frage der örtlichen Zuständigkeit bei Ernennung des Experten durch den Richter äusserte sich das Bundesgericht folgendermassen:

Werkvertrag. Art. 367 Abs. 2 OR. Örtliche Zuständigkeit des Richters zur Ernennung von Sachverständigen.
Ein in Luzern wohnhafter Bauherr erstellte in Hasliberg (Kanton Bern) ein Ferienhaus. Wegen vorhandener Baumängel verlangte er beim Gerichtspräsidenten von Oberhasli unter Hinweis auf Art. 367 Abs. 2 eine Zustandsfeststellung durch einen vom Gericht zu ernennenden Sachverständigen. Der Gerichtspräsident lehnte das Gesuch ab und verwies den Gesuchsteller an den Richter in Luzern. Das Bundesgericht hob den Entscheid des Gerichtspräsidenten auf und erklärte, die Prüfung gemäss Art. 367 Abs. 2 OR habe am Ort der Ablieferung des Werkes, also in Hasliberg, zu geschehen und die Zuständigkeit des Gerichtes Oberhasli sei gegeben .
BGE 96 II 266 ff.

Die Kosten der Expertise trägt grundsätzlich jene Partei, die sie veranlasst (Art. 367 Abs. 2 OR). Zeigen sich indessen Mängel, die der Unternehmer zu verantworten hat, so muss er nicht nur die Kosten der Verbesserung bzw. den Betrag des Minderwertes, sondern darüber hinaus auch die Expertenauslagen bezahlen (SJZ 40, S. 124).

Die *Beurkundung des Befundes* – mit ihr wird man zweckmässigerweise den hiefür zuständigen amtlichen Funktionär oder einen gerichtlich bestellten Sachverständigen beauftragen – *dient der Beweissicherung.*

Die Beweisaufnahme ermöglicht dem Besteller, die Existenz der Mängel im Zeitpunkt der Ablieferung jederzeit in einwandfreier Weise darzutun, was für ihn vor allem dann von grosser Bedeutung ist, wenn der Unternehmer sich weigert, die Mängel zu beheben, es deshalb zum Prozess kommt und der Besteller, weil er das Werk selbst oder durch Dritte instand stellen liess, gar nicht mehr in der Lage wäre, die Mängel zu zeigen.

Nach Vornahme der Prüfung sind allfällig festgestellte Mängel dem Unternehmer zur Kenntnis zu bringen. Eine besondere *Mitteilungsform* schreibt das Gesetz nicht vor. Die Anzeige kann somit, wenn nichts anderes vereinbart wurde, sowohl *mündlich* als auch *schriftlich* erfolgen. Die *direkte Klage* aus Mängeln des Werkes ist der Mängelrügeanzeige gleichzusetzen; sie ist die «formellste und nachdrücklichste Anbringung der Mängelrüge» (SJZ III, S. 9). Inhaltlich muss die Rüge so formuliert sein, dass der Unternehmer weiss, was gerügt wird. Nicht nötig ist, dass der Besteller die Mängel in fachmännischer Weise umschreibt oder gar die tatsächlichen oder vermuteten Ursachen nennt. Auch ist nicht erforderlich, die beobachteten Fehler bis in alle Einzel-

heiten samt den aufgetretenen Begleiterscheinungen zu schildern
(SJZ 15, S. 245/246).

> Beanstandung einer ungenügend funktionierenden *Zentralheizung.* Der
> Besteller ist nicht verpflichtet, die *technischen Ursachen* der mangelhaf-
> ten Leistung der Heizanlage zu erkennen und zu bezeichnen. Soweit er in
> seinen Korrespondenzen doch darauf eingegangen ist und sich geirrt hat,
> kann ihm dies nicht zum Nachteil gereichen. Wichtig ist, dass die *fehler-
> haften Erscheinungen* zur Kenntnis des Unternehmers gelangten und dass
> der Besteller zum Ausdruck brachte, er betrachte die Leistungen des
> Unternehmers als nicht gehörige Vertragserfüllung.
>
>   ZR 37 Nr. 95

Bei Bauwerken kommt es oft vor, dass im Zeitpunkt der Übergabe
kleinere Mängel vom Besteller beobachtet werden, *denen er aber keine
Bedeutung schenkt* und die er deshalb nicht zur Anzeige bringt. Wenn
diese Mängel sich nun im Laufe der Zeit vergrössern – kleine Haarrisse
im Verputz entwickeln sich zu millimeterbreiten durchgehenden
Mauerrissen, die in Neubauten übliche Baufeuchtigkeit wird zum
Dauerzustand –, stellt sich die Frage, ob eine nachträglich erfolgte Anzeige als verspätet und damit rechtlich wirkungslos zu bezeichnen sei.
Die Gerichtspraxis hat sich zugunsten des Bestellers ausgesprochen und
in einem Fall, der Feuchtigkeitserscheinungen betraf, unter Anerkennung der rechtzeitig erfolgten Mängelrüge u.a. wie folgt argumentiert:

> Soweit die nun gerügten Mängel sich darin äussern, dass die Räumlich-
> keiten mehr oder weniger unter Feuchtigkeit leiden, ist zu berücksichti-
> gen, dass Neubauten bekanntlich oft noch lange Zeit nach dem Bezuge
> feucht sind und erst allmählich austrocknen. Wenn also auch der Kläger
> von Anfang an und nicht erst im Frühjahr 1922 unter Feuchtigkeit litt,
> so konnte er gar wohl mit der Möglichkeit rechnen, dass er es nur mit
> den Unzuträglichkeiten zu tun habe, die mit jedem leicht gebauten Hause
> verbunden sind und die er eben in Kauf nehmen müsse.
> Glaubhaft ist es auch, dass die Feuchtigkeit sich während des trockenen
> Sommers 1921 weit weniger spürbar machte und den Kläger in der An-
> nahme bestärkte, dass sie doch allmählich verschwinden werde. Und erst,
> als die Erwartung nicht in Erfüllung ging, die Feuchtigkeit vielmehr im
> Winter 1921/22 stark zunahm, hatte er Grund, von einem Sachverstän-
> digen ein Gutachten darüber einzuholen, ob die Nässe auf Mängel der
> Baute zurückzuführen sei. In diesem Sinne sprechen sich auch die beiden
> gerichtlichen Experten aus. Beide erklären, dass der Kläger als Laie habe
> annehmen dürfen, es handle sich um gewöhnliche Neubaufeuchtigkeit,

die mit der Zeit verschwinden werde, und dass erst die späteren Erfahrungen ihn in dieser Annahme haben wankend machen können.

ZR 24, Nr. 17; vgl. ferner SJZ 10, S. 14/15, und betreffend Mauerrisse BGE 59 II 309 ff.

Unterlässt es der Besteller, das abgelieferte Werk zu prüfen, oder bringt er vorhandene Mängel nicht zur Kenntnis des Unternehmers, so gilt nach Art. 370 Abs. 1 und 2 OR die Rechtsvermutung, er habe das Werk in Ordnung befunden und genehmigt. Durch die ausdrückliche ebenso wie durch die stillschweigende Genehmigung wird der Unternehmer für alle Mängel, die bei der Abnahme und auf Grund ordnungsgemässer Prüfung erkannt worden wären, befreit. Er haftet nur noch für versteckte, später sich zeigende Mängel und solche, die er absichtlich verschwiegen hat, doch dies wiederum nur, wenn der Besteller solche Mängel sofort nach der Entdeckung zur Anzeige bringt (Art. 370 Abs. 3 OR).

3. Rügefrist und Garantiezeit

Mit dem Versprechen, solide, fachgerechte Arbeit zu liefern, verbindet der Bauunternehmer häufig die Zusicherung einer *zeitlich befristeten Garantie*. Die Frage, inwieweit eine solche Garantiezusage die gesetzlichen Bestimmungen über die Rügefrist abzuändern vermag, hat die Gerichte immer wieder beschäftigt. In einem noch unter der Herrschaft des alten Obligationenrechtes gefällten Entscheid stellt sich die *St. Galler Rekurskommission* auf den Standpunkt, die Vereinbarung einer Garantiefrist bedeute regelmässig eine *Erstreckung der gesetzlichen Mängelrügefrist* in dem Sinne, dass jede innerhalb der Garantiezeit gemachte Anzeige eines Mangels als rechtzeitig erfolgt zu betrachten sei. Die gesetzliche Regelung müsse als aufgehoben betrachtet werden; die Garantie gebe dem Besteller das weitergehende Recht, innerhalb der Garantiefrist ohne Rücksicht auf den Zeitpunkt der Entdeckung Mängel zu rügen (SJZ III, S. 9). In einem gleichfalls älteren Entscheid aus dem Jahre 1913 lehnt das *aargauische Obergericht* den Standpunkt des Bestellers ab, wonach Mängel in der Bauausführung während des Laufes einer Garantiefrist jederzeit geltend gemacht werden können, also auch dann, wenn sie von vornherein offen zutage getreten sind. Es habe der gesetzliche Grundsatz, wonach der Besteller das Werk mit tunlichster Beförderung zu prüfen und allenfalls zu bemängeln habe, auch bei Vereinbarung einer Garantiefrist zu gelten, weil es

wider Treu und Glauben ginge, erst am Ende einer solchen Frist längst
bekannte Mängel geltend zu machen (SJZ 10, S. 89). In einem Urteil des
thurgauischen Obergerichtes wird ausgeführt, es schliesse die Ansetzung einer Garantiefrist nicht ohne weiteres eine Erstreckung der
Rügefrist in sich, und es behalte auch bei der Garantieübernahme die
gesetzliche Regelung ihre Wirkung. Sache der *Vertragsinterpretation
müsse es sein, im einzelnen Falle festzustellen, ob mit der Garantielei-
stung eine Erstreckung der Rügefrist bezweckt worden sei.* Wenn, wie
im zu beurteilenden Fall, die Dichtigkeit eines Daches in Frage stehe,
sei anzunehmen, die Gewährung der Garantiefrist schliesse die Erstreckung der Rügefrist in sich, sei es doch nur durch fortgesetzte Beobachtung möglich, festzustellen, ob das gelieferte Werk die garantier-
te Eigenschaft besitze (SJZ 10, S. 308). In einem weitern im Jahre 1923
durch das *zürcherische Handelsgericht* gefällten Entscheid wird die
Meinung vertreten, die Vereinbarung einer Garantiefrist befreie den
Besteller nicht von der Pflicht, vorgefundene Mängel gemäss Art. 370
OR sofort nach Entdeckung zur Anzeige zu bringen (ZR 24 Nr. 17). In
die gleiche Richtung geht ein Urteil des *Basler Obergerichtes* aus dem
Jahre 1941, das wiederum Dachziegel betrifft und wo es u.a. heisst,
nach Lehre und Rechtsprechung bedeute die Einräumung einer Garantiefrist nicht ohne weiteres eine Erstreckung der gesetzlichen Rügefrist,
«etwa in dem Sinne, dass die Mängelrüge rechtzeitig erhoben wäre,
wenn schon sie nicht, sobald es nach dem üblichen Geschäftsgang tunlich ist, jedoch noch innert der Garantiefrist erfolgt». Und weiter wird
erklärt, dass dieser Grundsatz nur dann keine Geltung haben könne,
wenn sich aus den Erklärungen der Parteien klar und unzweideutig der
Wille ergebe, mit der Übernahme einer Garantie auch die gesetzliche
Rügefrist vertraglich erstrecken zu wollen, wobei im Zweifel für die
geringere Belastung des Unternehmers zu entscheiden sei. In diesem
Urteil weist das Basler Gericht allerdings auf einen andern Fall hin, wo
entschieden wurde, gestützt auf die Abmachung einer einjährigen Garantie sei der Bauherr berechtigt gewesen, innerhalb dieser Einjahres-
frist jederzeit Mängelrüge zu erheben (SJZ 39, S. 229/230).

Den im eben zitierten Entscheid erwähnten ausdrücklichen Willen
der Parteien, mit der Übernahme der Garantie die gesetzliche Rügefrist
zu erstrecken, hat das zürcherische Handelsgericht als bestehend angenommen, wenn der vertraglichen Abmachung *die SIA Norm 118,
Ausgabe 1948* zugrunde gelegt wurde (ZR 43 Nr. 210).

Gemäss der neu geltenden SIA Norm 118, Ausgabe 1977/1991, besteht eine Garantiefrist (in Klammern als Rügefrist bezeichnet) von zwei Jahren (Art. 172). Diese Klausel geht anderen Normen des SIA oder im Einvernehmen mit dem SIA aufgestellten Normen anderer Fachverbände vor, wenn sie *Vertragsbestandteil ist* (Hinweis auf Art. 21 SIA Norm 118). Die Garantiefrist (Rügefrist) beginnt für das Werk oder einzelne Werkteile mit dem Tag der Abnahme zu laufen (Art. 172 Abs. 2). Während der Garantiefrist (Rügefrist) kann der Bauherr in *Abweichung vom Gesetz* (Art. 367 und 370 OR) *Mängel aller Art jederzeit* rügen.

Im weiter oben zitierten Entscheid (ZR 43 Nr. 210) bringt das zürcherische Handelsgericht klar zum Ausdruck, dass es eines ausdrücklichen Hinweises bedarf, wenn von der in Art. 367 und 370 OR getroffenen Regelung, unverzügliche Mängelrüge, abgewichen werden soll (ebenso ein Entscheid des Solothurner Obergerichtes aus dem Jahr 1949, SJZ 49, S. 198).

In diesem Zusammenhang sei auf zwei Besonderheiten der SIA-Garantieklausel hingewiesen: Der Unternehmer ist *berechtigt, gerügte Mängel zu beheben,* und nur wenn er sich hiezu innert zumutbarer Frist nicht bereitfindet, kann der Bauherr die notwendigen Arbeiten auf Kosten des Unternehmers ausführen lassen oder einen dem Minderwert des Werkes entsprechenden Preisabzug geltend machen oder endlich die Annahme der mangelhaften Arbeit oder Lieferung verweigern (SIA Norm 118, Ausgabe 1977/91, Art. 169).

In einem neueren Entscheid (BGE 110 II 52 ff.) äussert sich das Bundesgericht zu Art. 169 I der SIA Norm 118, *Vorrang der Nachbesserung,* wie folgt:

> Der Bauherr hat bei jedem Mangel «zunächst einzig das Recht, vom Unternehmer die Beseitigung des Mangels innerhalb angemessener Frist zu verlangen». Erst wenn der Unternehmer die Mängel nicht innert dieser Frist behoben hat, kann der Bauherr die Mängelrechte gemäss Art. 169 I Ziff. 1–3 ausüben. Vor Ablauf der Verbesserungsfrist stehen ihm diese Rechte nur zu, wenn «sich der Unternehmer ausdrücklich geweigert» hat, die Verbesserung vorzunehmen oder «er hiezu offensichtlich nicht imstande» ist (Art. 169 II der SIA Norm 118). «Der Wortlaut dieser Regelung ist klar.» Sie «versetzt den Unternehmer in die Lage, den Bauherrn an der Ausübung des Minderungs- und Wandelungsrechts zu hindern, wenn er bereit und imstande ist, die Mängel frist- und sachgerecht zu beheben». «Bei fehlender Aufforderung zur Nachbesserung ... kann daher dem Bauherrn» nach der SIA Norm 118 «kein Minderungsanspruch ent-

stehen»; «zieht er grundlos einen Dritten zur Nachbesserung bei, tut er das auf eigene Kosten und Gefahr». Das aber bedeutet, dass er (auch) seinen Minderungsanspruch verliert, wenn er den Mangel durch einen Dritten beseitigen lässt, ohne zunächst dem Unternehmer Gelegenheit zur Nachbesserung innert angemessener Frist gegeben zu haben. Offengelassen wird die Frage, ob der Unternehmer in einem solchen Fall verpflichtet ist, dem Bauherrn das herauszugeben, was er erspart, weil er die Nachbesserung nicht selber vornehmen muss.

Heft Baurechtstagung, Freiburg (Schweiz) 1987, S. 122 (Nr. 13)

Nach einem unveröffentlichten Urteil des Handelsgerichtes des Kantons Zürich (25.1.1979 i.s. T/Z) enthalten die werkvertraglichen Bestimmungen über Mängelhaftung keine Vorschrift, wonach der Besteller in Abweichung von Art. 98 OR berechtigt wäre, die Mängel auch ohne richterliche Ermächtigung unter Kostenfolge zu Lasten des Unternehmers beseitigen zu lassen.

In Abweichung von der eben geschilderten Rechtsprechung erklärte das Bundesgericht in BGE 107 II 50 ff., *der Besteller sei berechtigt, einen Mangel von sich aus, also ohne richterliche Ermächtigung, wie sie Art. 98 OR vorsieht, auf Kosten des Unternehmers beseitigen zu lassen* (vgl. hiezu die ausführliche Besprechung des bundesgerichtlichen Urteils durch Pierre TERCIER, «L'arrêt Nandro Bergbahnen AG» in BR 1981/2, S. 30 ff.).

In der Praxis wird dem eben erwähnten neuen Bundesgerichtsentscheid kaum jene Bedeutung zukommen, welche ihm die Lehre beimisst. Wesentlich erscheint, dass das Bundesgericht den Streit trotz Anwendung der werkvertraglichen Regeln (Art. 366 Abs. 2 OR) *nicht* endgültig entscheiden konnte. Es musste die Sache an das Kantonsgericht zurückweisen, damit es weitere Abklärungen vornehme und dann urteile. Bei seinen Überlegungen lässt das Bundesgericht unberücksichtigt, dass der Besteller in Ermangelung einer vorgängigen richterlichen Ermächtigung nach Art. 98 Abs. 2 OR stets Gefahr läuft, später vom Unternehmer zu hören, die Verbesserungsarbeiten seien unzweckmässig und deshalb zu kostspielig gewesen. Bei vorgängiger Ermächtigung durch den Richter – gestützt auf Art. 98 Abs. 2 OR – zu ganz bestimmten Verbesserungsmassnahmen kann sich der Besteller gegen den späteren Vorwurf einer willkürlichen und zu aufwendigen Reparatur schützen.

In einem am 23. April 1981 gefällten Entscheid (107 III 106 ff. BINETTI / MADLIGER) behandelt das Bundesgericht neuerdings Rechtsfragen, welche die Dritt-Verbesserung des Werkes betreffen. In der Besprechung dieses Urteils weist GAUCH auf die unterschiedliche rechtliche Betrachtungsweise des Bundesgerichtes i.S. Nandro Bergbahnen AG und BINETTI / MADLIGER hin.

BR 1982/2, S. 34 ff.

Zusammenfassend lässt sich auf Grund der angeführten Präjudizien feststellen, dass die gesetzliche Rügefrist durch freie Parteiabrede abgeändert werden kann, indessen die Ausdrücke «Garantie, Garantiefrist oder Garantiezeit» vieldeutiger Auslegung fähig sind und ihre Verwendung – abgesehen von der klar gefassten SIA-Klausel nicht notwendigerweise eine Erstreckung der Rügefrist bedeutet.

4. Die Verjährung der Ansprüche des Bestellers

Von der Frist zur Anbringung der Mängelrüge ist die Frist zur Einleitung der *Gewährleistungsklage* zu unterscheiden. Bestreitet der Unternehmer die Berechtigung der seitens des Bestellers erhobenen Mängelrüge, so muss letzterer, will er auf seine Ansprüche (Art. 366 Abs. 2, 368 OR) nicht verzichten, den Prozessweg beschreiten. Nach Art. 371 Abs. 1 OR in Verbindung mit Art. 210 OR verjähren Klagen auf Gewährleistung wegen Mängeln der Sache mit Ablauf *eines Jahres* nach deren Ablieferung, und zwar auch dann, wenn der Besteller die Mängel vor der Werkvollendung oder erst später entdeckte (ZR 36 Nr. 186).

Für *unbewegliche* Bauwerke ist die Verjährung wesentlich länger, nämlich *fünf Jahre* (Art. 371 Abs. 2 OR). Zu den *unbeweglichen Bauwerken* gehören Hoch- und Tiefbauten aller Art, ferner Brücken und Wege, Mauern, unter Umständen auch Hecken (OSER, Art. 371, Note 5; BECKER, Art. 371, Note 6). Die fünfjährige Verjährungsfrist gemäss Art. 371 Abs. 2 OR kann vertraglich verkürzt werden, wenn dem Gläubiger dadurch die Rechtsverfolgung nicht in unbilliger Weise erschwert wird (BGE 108 II 194 ff.).

Die Unterscheidung, ob ein *bewegliches* oder *unbewegliches* Werk vorliegt, wird normalerweise keine Schwierigkeiten bereiten. Meinungsverschiedenheiten können sich etwa dann ergeben, wenn an sich bewegliche Bauteile durch spätere Verbindung mit dem Bauwerk Bestandteil einer unbeweglichen Sache werden. Aus der Gerichtspraxis seien folgende Fälle angeführt: Die Lieferung von *37 Türen* für ein Krankenhaus wird im Hinblick auf ihren bedeutenden Wert und ihre Beschaffenheit der fünfjährigen Verjährungsfrist unterstellt (SJZ 37, S. 282). Dagegen sind transportable *Kachelofen*, die in einem Hause aufgestellt und mit der Mauer leicht verbunden werden, keine «unbeweglichen Bauwerke» im Sinne von Art. 371 OR, die Gewährleistungsansprüche verjähren deshalb nach einem Jahr (SJZ 29, S. 300/301). Eine für zwei Häuser berechnete *Wasserleitung* fällt gleichfalls nicht unter den Begriff des Bauwerkes (SJZ IV, S. 132), während eine dauernd mit Grund und Boden verbundene *Pumpanlage* als unbewegliches Bauwerk qualifiziert worden ist, für das die fünfjährige Verjährungsfrist gilt (SJZ 38, S. 118). Eine *Kegelbahn* wiederum ist von der Rechtsprechung als bewegliches Werk qualifiziert worden, «da leicht wegnehmbar und ohne die Absicht dauernder Verbindung» erstellt (BGE 96 II 181 ff.). Gehen Sachmängel eines unbeweglichen Bauwerks auf den vom Unternehmer gelieferten Stoff zurück, so gilt nicht die einjährige Verjährungsfrist von Art. 210 Abs. 1 OR, sondern die fünfjährige von Art. 371 Abs. 2 OR (BGE 117 II 425).

Umbauten sind den unbeweglichen Werken gleichzustellen, wenn sie eine wesentliche Änderung des Bauwerkes zur Folge haben, wie das beispielsweise beim Umbau eines Wohnhauses in ein Geschäftshaus, eines Stalles in eine Garage, eines leichten Flussüberganges in eine dem allgemeinen Verkehr dienende massive Brücke der Fall ist. Auch für *Hauptreparaturen* gilt die Verjährungsfrist von fünf Jahren, dagegen nicht für *geringfügige Reparaturen,* weil diese in der Regel leichter zu kontrollieren sind (BECKER, Art. 371, Note 7).

> Bei mehreren sich zeitlich folgenden Reparaturen beginnnt die Verjährungsfrist nicht bei jeder einzelnen Arbeit zu laufen, sondern erst, nachdem sämtliche Verbesserungen vorgenommen worden sind.
> ZR V Nr. 85

Bei *absichtlicher Täuschung* tritt die Verjährung erst nach Ablauf der ordentlichen Verjährungsfrist, also nach *zehn Jahren,* ein (OSER, Art. 371, Note 4, und 219, Note 9; BÜRGI, Karte Nr. 623, S. 7).

Die Frage, ob bei Zusicherung einer *zeitlich begrenzten Garantie* ausser der Rügefrist, wie weiter oben ausgeführt, auch die *gesetzliche Verjährungsfrist* eine Änderung erfahre, hängt von der durch die Parteien getroffenen Abrede ab. BECKER nimmt im Zweifel eine Erstreckung der gesetzlichen Verjährungsfrist an (BECKER, Art. 371, Note 3, sowie BGE 63 II 180, siehe ferner ZR V Nr. 85).

> In einem Entscheid des Obergerichtes des Kantons Baselland wird die Meinung vertreten, es habe die Vereinbarung einer Garantiefrist zur Folge, dass die Klagefrist statt von der Lieferung der Sache *erst von der Entdeckung des Mangels* an laufe. Mit der Entdeckung des Mangels sei der Zweck der Garantiefrist erreicht, und der Käufer habe innerhalb der Jahresfrist von Art. 210 OR die Klage anzuheben.
> SJZ 39, 229/230

Die *SIA-Garantienormen* bewirken nach Auffassung des zürcherischen Handelsgerichtes eine Verlängerung der Verjährungsfrist in dem Sinne, dass diese erst *nach Ablauf der Rügefrist ihren Anfang nimmt;* denn wenn dem Besteller das Recht eingeräumt werde, bis zum letzten Tag Beanstandungen vorzubringen, dann müsse er auch die Möglichkeit haben, sie nach diesem Zeitpunkt auf dem Klageweg noch geltend zu machen. Offengelassen wird die Frage, ob die kurze Verjährungsfrist von Art. 210 OR schlechthin aufgehoben sei, so dass die gewöhnliche zehn-jährige Verjährungsfrist Platz greife, oder ob nach Ablauf der Garantie-dauer die einjährige Frist von Art. 210 OR zu laufen beginne.

ZR 43 Nr. 210

Die fünfjährige Frist von Art. 371 Abs. 2 OR gilt auch «gegen den *Architekt* oder *Ingenieur,* die zum Zwecke der Erstellung Dienste ge-leistet haben», wobei diese Frist mit der *Abnahme* beginnt. Diese Vor-schrift bezieht sich allerdings nur auf die Ansprüche des Bestellers wegen Mängeln aus Auftrag oder Dienstvertrag, nicht aber auf An-sprüche, die dem Besteller gegen Architekt oder Ingenieur aus Werk-vertrag zustehen. Mit der etwas systemwidrigen Erweiterung des Art. 371 anlässlich der letzten Revision des OR soll vermieden werden, dass der Architekt oder Ingenieur, der den Bauherrn beriet oder ihm sonst Dienste leistete, von diesem in einem Zeitpunkt belangt werden kann, in welchem der Regress auf den Unternehmer bereits verjährt ist (BECKER, Art. 371, Note 4; SCHLATTER, S. 73).

Der Ingenieur, dem die Ingenieurarbeiten an einem Neubau übertragen sind und der vor Errichtung des Neubaus ein altes Haus abbricht und ein Nachbarhaus abspriesst, leistet Dienste zum Zweck der Erstellung des Neubaues und unterliegt damit der (nicht zwingenden) Verjährungsvor-schrift von Art. 371 Abs. 2. *Wenn grundsätzlich Art. 371 zur Anwendung kommt, stand es den Parteien frei, die darin enthaltene fünfjährige Ver-jährungsfrist durch Unterstellung der gegenseitigen Rechte und Pflichten unter die Honorarordnung des SIA auf zwei Jahre zu reduzieren.*

SJZ 58, S. 171/172

T. entdeckte 1948 in seinem zwei Jahre zuvor umgebauten Hause an Decken und Trägern im Keller einen Holzschaden. Die angeordnete Expertise kam zum Schluss, dass die Holzschwammerkrankung durch den Umbau ausgelöst worden sei und dass Konstruktionsfehler vorlägen, die Architekt und Baumeister in gleicher Weise belasteten. Der beklagte Architekt erhob die Verjährungseinrede, da die fünfjährige Verjährungs-frist von Art. 371 Abs. 2 OR vertraglich auf zwei Jahre herabgesetzt worden sei. Das Kantonsgericht Graubünden hat grundsätzlich die vertragliche Änderung der gesetzlich statuierten Verjährungsfristen für statthaft erklärt und festgestellt, dass die im Vertrag vereinbarte Reduktion der in Art. 371 Abs. 2 aufgestellten fünfjährigen auf eine zweijährige Verjährungsfrist vor dem geltenden Recht Bestand haben müsse. Aus *Billigkeitsgründen* wurde indessen im konkreten Fall die Kürzung der Frist abgelehnt. Eine gegen diesen Entscheid ergriffene staatsrechtliche Beschwerde an das Bundesgericht hatte keinen Erfolg.

SJZ 51, S. 212/213

Bei *absichtlicher Täuschung* tritt die Verjährung auch gegenüber Architekten und Ingenieuren erst nach *zehn Jahren* ein (BÜRGI, Karte Nr. 623, S. 7; BGE 58 II 140 ff.).

5. Barrückbehalt, Bank- und Versicherungsgarantie

Das Gewährleistungsversprechen erfährt eine bei umfangreicheren baugewerblichen Arbeiten allgemein übliche Verstärkung durch Sicherheitsleistungen in der Gestalt von Bar-, Bank- oder Versicherungsgarantien. Allen drei Garantieformen ist der Zweck gemeinsam, den Unternehmer zur raschen Verbesserung der bis zum Ablauf der Garantiefrist vom Besteller festgestellten Mängel anzuhalten und im Falle seiner Untätigkeit die Mängelbehebung durch Dritte zu sichern.

Die Frage, welcher der drei Garantiemöglichkeiten der Vorzug zu geben sei, beantwortet sich, je nachdem man den Standpunkt des Unternehmers oder Bestellers einnimmt, verschieden. Garantierücklässe entziehen dem *Unternehmer* Betriebsmittel. Er wird deshalb den Wunsch haben, die Bargeldhinterlage durch den Garantieschein einer Bank oder Versicherung zu ersetzen, wobei er die damit verbundenen relativ bescheidenen Gebühren in Kauf nimmt. Anderseits zeigt die Erfahrung, dass der *Bauherr* mit der Bargarantie im allgemeinen darum besser fährt, weil das in Aussicht stehende Restguthaben die Behebung der gerügten Mängel beschleunigt. Der Besitz des Barrückbehaltes enthebt den Bauherrn allerdings nicht der Mühe, sich mit dem Unternehmer über die Berechtigung der gerügten Mängel auseinanderzusetzen. Lässt der Bauherr *umstrittene* Mängel durch Dritte zu Lasten des Barrückbehaltes beheben, so läuft er Gefahr, vom Unternehmer mit Erfolg auf Herausgabe des Barrückbehaltes eingeklagt zu werden. Bank- und Versicherungsgarantie können sich für den Bauherrn unter Umständen in der Weise vorteilhaft auswirken, dass sich sowohl das

Bankinstitut wie auch die Versicherungsgesellschaft bei bestehenden Differenzen vermittelnd einschalten. Den Schlichtungsbemühungen der Garantiegeber sind allerdings aus zwei Gründen Grenzen gesetzt: Einmal haben Bank und Versicherung als Beauftragte des Unternehmers in erster Linie dessen Interessen zu wahren, und im weitern gefährden sie ihre Rückgriffsrechte gegenüber ihrem Kunden, wenn sie entgegen seinem Willen und ohne dass eine Rechtspflicht zur Mängelbehebung bestünde, behauptete Forderungen des Bestellers erfüllen.

Die Leistungspflicht der Aussteller von Garantiescheinen besteht nur, wenn der Bauherr vor Ablauf der Garantiezeit oder innerhalb der im Garantieschein genannten Frist seine Forderung anmeldet. Die Haftung der Garantie leistenden Firmen hat ferner zur Voraussetzung, dass die fragliche Arbeit vom Bauherrn ohne Beanstandung abgenommen wurde, *umfasst die Garantie doch nur die eigentlichen* **Garantiemängel,** *nicht aber die sogenannten* **Erstellungsmängel.**

In der Festsetzung des Garantiebetrages und der zeitlichen Dauer der Verpflichtung sind die Parteien frei. Als Norm gilt eine Gültigkeitsdauer von zwei Jahren, beginnend ab Fertigstellung der Arbeit, und gebräuchlich ist eine Garantiesumme von 10% des Rechnungsbetrages.

Bargarantien sind vom Bauherrn angemessen zu verzinsen. Nach Art. 182, SIA Norm 118, Ausgabe 1977/1991, kann der Unternehmer vom Bauherrn Sicherstellung des Guthabens aus der Bargarantie verlangen.

Der Umstand, dass der Barrückbehalt dem Bauherrn als Sicherheit für eine bestimmte Zeit verhaftet bleibt, hindert den Unternehmer nicht, diesen Teil seiner Werklohnforderung einem Dritten *abzutreten*. Eine derartige Teilzession ist gültig. Fällig und zahlbar wird die zedierte Garantiesumme indessen erst, wenn sich das Werk während der Garantiezeit als mängelfrei erwies oder, wenn Mängel gerügt wurden, der Besteller diese ordnungsgemäss behob (die mit solchen Zessionen verknüpften Rechtsfragen sind eingehend behandelt in ZR 41 Nr. 65).

VI. Ordentliche und ausserordentliche Beendigung des Werkvertrages

1. Allgemeines

Die Beendigung des Werkvertrages durch Erfüllung ist das Normale. Sie entspricht der Parteiabsicht, dem Vertragszweck. Daneben bestehen weitere, *ausserordentliche Endigungsgründe*. So räumt das Gesetz in Art. 377 OR dem Besteller, nicht aber dem Unternehmer das Recht ein, vor Vollendung des Werkes jederzeit vom Vertrag zurückzutreten, wobei – eine für den Besteller selbstverständliche Folge – dem Unternehmer ein Anspruch auf volle Schadloshaltung erwächst. Zur Vertragsauflösung kann es des fernern kommen, weil *sich die Ausführung des Werkes aus Gründen, die beim Besteller oder Unternehmer liegen, als unmöglich erweist*. Diesen eben genannten ausserordentlichen Endigungsgründen kommt in der Praxis eine wesentliche Bedeutung zu, so dass sich eine einlässliche Behandlung rechtfertigt.

2. Die Unmöglichkeit der Erfüllung aus Verhältnissen des Bestellers (Art. 378 OR)

Unmöglichkeit beim Besteller liegt vor im Falle eines bei ihm eingetretenen *Zufalls*, z.B. wenn er durch *unverschuldete* Krankheit oder durch den Tod verhindert wird, an der Herstellung des Werkes in der vertraglich vorgesehenen Weise persönlich mitzuwirken, oder wenn es, als Folge der *Enteignung* seines Grundstückes, nicht mehr möglich ist, den darauf begonnenen Bau zu vollenden (BECKER, Art. 378, Note 1). Bei Vorliegen solcher Hinderungsgründe hat der Unternehmer gemäss Art. 378 Abs. 1 OR Anspruch auf *Vergütung der geleisteten Arbeit und der im Preise nicht inbegriffenen Auslagen*.

Wenn die Unmöglichkeit der Vertragserfüllung auf ein im Verlaufe der Ausführung einer Baute ausgesprochenes *Bauverbot* zurückzuführen ist, hat hiefür der Bauherr und Besteller einzustehen, jenen Fall ausgenommen, da das behördliche Einschreiten durch das Verhalten des Unternehmers veranlasst wurde.

Werkvertragliche Abmachung über die Erstellung des Rohbaus von 16 Doppelhäusern nach einem *vom Unternehmer vorgeschlagenen Betonskelettsystem*. Unmöglichkeit der Vollendung des Werkes infolge «Bauverbotes» der zuständigen kommunalen Baukommission. Der behördliche Akt bildet grundsätzlich einen Anwendungsfall von Art. 378 Abs. 1 (Unmöglichkeit der Erfüllung, nicht Art. 377, Rücktritt des Bestellers), wobei nach der herrschenden Lehre wohl anzunehmen ist, dass das Verbot der Baubehörde ein beim Besteller eingetretener Zufall sei.

Indessen darf nicht mehr als Zufall angesehen werden ein Hinderungsgrund, der zwar im allgemeinen unabhängig vom Willen der Vertragsparteien eintritt, aber im konkreten Fall doch von ihnen veranlasst wurde. Wer ein polizeiliches Verbot durch sein Verhalten schuldhaft veranlasst hat, kann sich nicht auf höhere Gewalt berufen, sondern muss sich dies als Verschulden anrechnen lassen. Trifft den Besteller ein solches Verschulden, so schafft Art. 378 Abs. 2 Recht und statuiert einen Schadenersatzanspruch des Unternehmers. *Für den Fall, dass dagegen der Unternehmer die Unmöglichkeit der Ausführung des Werkes verschuldet hat, enthält das Werkvertragsrecht keine analoge Sondervorschrift.* Dieser Fall entscheidet sich daher nach den allgemeinen Bestimmungen des OR, insbesondere nach Art. 97. *Trifft den Unternehmer die Schuld daran, dass die Erfüllung seiner Verbindlichkeit nicht bewirkt werden kann, so hat er nach Art. 97 OR den daraus entstehenden Schaden zu ersetzen.*

Nachdem feststeht, dass der Unternehmer im Widerspruch zu den behördlichen Vorschriften die Arbeiten fortsetzte, seine behördlicherseits abgelehnte Konstruktion nicht änderte, muss in diesem Verhalten ein Verschulden des Unternehmers erblickt werden. *Darum hat er, nicht der Besteller Schadenersatz zu leisten, der nach der Vorschrift des Art. 97 OR nach richterlichem Ermessen festzusetzen ist.*

SJZ 50, S. 360/2

Obgleich der Gesetzgeber für den Werkvertrag eine Auflösung *aus wichtigen Gründen* nicht vorsieht, sondern lediglich einen *Schadenersatzanspruch* des Unternehmers kennt, sofern der *Besteller* die Vollendung des Werkes *schuldhaft verunmöglichte* (Art. 378 Abs. 2 OR), muss beim Werkvertrag, wenn er ein *persönliches Vertrauensverhältnis als wesentlich* voraussetzt, auch die blosse «*Unzumutbarkeit*» der *weitern Leistungen* der Unmöglichkeit nach Art. 378 OR gleichgestellt werden. Der Unternehmer kann deshalb, wenn ihm die Weiterarbeit bei einem über längere Zeit andauernden Vertragsverhältnis nicht zumutbar ist, gestützt auf Art. 378 OR vom Vertrag zurücktreten (SJZ 36, S. 334).

Nach dem Wortlaut von Art. 378 OR hat der Unternehmer bei *Unmöglichkeit der Erfüllung,* verursacht durch einen beim Besteller eingetretenen Zufall, Anspruch auf *Vergütung der geleisteten Arbeit und der im Preis nicht inbegriffenen Auslagen.* Es hat sich die Frage erhoben, wie auf Grund dieser Vorschrift die Entschädigung im Falle der *Pauschalpreisabmachung* zu berechnen sei. Nach einem Urteil des Zürcher Obergerichtes lässt der Gesetzestext sowohl die Annahme zu, es sei die Berechnung nach dem Wert der geleisteten Arbeit auf Grund der für diese Arbeit üblichen Ansätze oder prozentual zur Pauschalsumme vorzunehmen. Indessen entspricht es dem Gebot der Billigkeit, dass der Unternehmer den Teil der Pauschalsumme erhält, welcher der von ihm ausgeführten Arbeit entspricht. Der Unternehmer trägt beim Pauschalvertrag das Risiko für die von ihm vorgenommene Berechnung der Pauschalsumme. Er soll einerseits den Vorteil davon haben, wenn er mit der Pauschalsumme einen höhern Werklohn vereinbart, als ihn die Arbeit bei der Berechnung nach den üblichen Einheitsansätzen tatsächlich zu stehen kommt. Umgekehrt trifft ihn aber anderseits auch gegebenenfalls ein Ausfall an seinem mit eingerechneten Unternehmergewinn oder sogar noch ein weiterer Verlust, wenn er die Pauschalsumme zu niedrig ansetzt. Diese Überlegungen müssen dazu führen, dass der Unternehmer auch dann den ihm aus der Pauschalvereinbarung erwachsenden Vorteil haben soll, wenn die Ausführung des Werkes infolge eines in der Person des Bestellers liegenden Zufalles zum Teil unmöglich wird, und zwar muss ihm dann der im Verhältnis zur Gesamtpauschalsumme stehende, der tatsächlichen Ausführung entsprechende Teil des vereinbarten Werklohnes zukommen (ZR 32 Nr. 22).

3. Die Unmöglichkeit der Vertragserfüllung, verursacht durch den Unternehmer (Art. 379 OR)

Bei Werkverträgen, die mit Rücksicht auf die persönlichen Eigenschaften des Unternehmers abgeschlossen worden sind, hat der Tod des *Unternehmers* das Erlöschen der Abmachung zur Folge. Gleiches gilt, wenn der Unternehmer ohne seine Schuld zur Vollendung des Werkes *unfähig* wurde. In beiden Fällen ist der Besteller verpflichtet, den bereits ausgeführten Teil des Werkes, soweit dieser für ihn brauchbar ist, anzunehmen und zu bezahlen (Art. 379 OR).

Als Umstände, die Anlass geben können, auf die Persönlichkeit des Unternehmers abzustellen, werden von BECKER genannt: besondere *Sachkunde* (z.B. eines Ingenieurs, wenn es sich um ein schwieriges Werk handelt), besondere *Zuverlässigkeit* (z.B. wenn es auf besondere Solidität oder pünktliche Erfüllung ankommt und dem Besteller mit Geldersatz nicht gedient ist), besondere *Kreditwürdigkeit*, speziell wenn es sich um grosse Werte handelt und der Besteller damit rechnen kann, sich im Notfall für den Schaden zu erholen. Die Person, auf welche es auf der Unternehmerseite ankommt, kann auch der *Kommanditär* einer Kommanditgesellschaft sein. Durch sein Ausscheiden aus der Gesellschaft fällt der Werkvertrag mit letzterer dahin. Doch ist im Zweifel nicht anzunehmen, dass gerade auf die Persönlichkeit eines Kommanditärs, überhaupt eines einzelnen Mitgliedes einer Handelsgesellschaft abgestellt werde, wenn die in Frage stehende Firma noch über andere geeignete Kräfte verfügt. Auch ist Voraussetzung für die Anwendung des Art. 379, dass der Besteller, der beim Abschluss eines Werkvertrages auf die persönlichen Eigenschaften einer bestimmten Person auf der Unternehmerseite abstellt, dies beim Vertragsabschluss erkennbar machte (BECKER, Art. 379, Noten 2 und 3).

> Werkvertrag auf Lieferung der elektrischen Ausrüstung der Gittermasten einer Hochspannungsleitung. Der Umstand, dass ein an der Unternehmerfirma beschränkt beteiligter Ingenieur und Prokurist ausscheidet und ferner Aktiven und Passiven auf eine neue Firma übergehen, berechtigt den Besteller nicht zum Rücktritt vom Vertrag mit der Begründung, er habe diesen mit Rücksicht auf die Person des ausgetretenen Prokuristen abgeschlossen. Vertragspartner war die Unternehmerfirma als solche. Die Änderung des Rechtssubjektes bedeutet für den Besteller keine Benachteilung. Sie vermag die Erfüllung des Vertrages nicht zu beeinträchtigen. Der Anspruch des Unternehmers auf Schadenersatz ist deshalb gutzuheissen.
>
> BGE 34 II 258 ff.

Die Unmöglichkeit kann schliesslich auch eintreten durch einen keine Partei belastenden, zufälligen Untergang des in der Herstellung begriffenen Werkes. Art. 376 OR regelt die rechtlichen Folgen.

4. Weitere Fälle der vorzeitigen Vertragsauflösung

Zum Rücktritt vor Ablauf des Liefertermins ist der *Besteller* berechtigt, wenn der Unternehmer das Werk nicht *rechtzeitig* in Angriff nimmt oder dessen Ausführung in *vertragswidriger Weise verzögert* oder schliesslich sich so sehr im *Rückstand* befindet, dass die rechtzeitige Vollendung nicht mehr vorauszusehen ist (Art. 366 OR). Bei Ausübung des Rücktrittsrechtes sind die allgemeinen Verzugsvorschriften von Art. 107 bis 109 OR zu beachten.

> Werkvertrag über die Ausfüllung einer Kiesgrube. Verletzung der vertraglichen Abmachungen durch den Unternehmer, welcher der Verpflichtung, jährlich mit der Ausfüllung der Grube um mindestens 5 m vorzurücken, nicht nachkommt. Die Verzugsfolgen beurteilen sich nach Art. 366 OR, welche Vorschrift dem Besteller jedoch kein sofortiges Rücktrittsrecht einräumt. Die Fristansetzung ist notwendig, und es finden die allgemeinen Bestimmungen über den Rücktritt, Art. 107 bis 109 OR, auch für Art. 366 OR Anwendung. Erachtet der Unternehmer die ihm angesetzte Frist als zu kurz, so hat er dies zu sagen. Auch darf von ihm erwartet werden, dass er während der angesetzten Frist mit der Arbeit fortfahre, um so dem Besteller zu zeigen, dass es ihm mit der Vertragserfüllung ernst sei. Da er zur Erfüllung des Vertrages überhaupt nichts unternahm, ist es ohne Belang, ob die angesetzte Frist angemessen oder zu kurz war, und der Besteller war angesichts des Verhaltens des unternehmers zum Rücktritt berechtigt.
> Die unmittelbar nach der Fristansetzung abgegebene Rücktrittserklärung ist zulässig und genügend.
> BGE 46 II 248/252

Über das Rücktrittsrecht des *Bestellers* wegen unverhältnismässigen Überschreitens des Kostenansatzes sind Ausführungen im Kapitel III (Pflichten und Rechte des Bestellers, S. 43 unten) gemacht worden. Das Recht des *Unternehmers* auf Rücktritt vom Vertrag bei *Verzug des Bestellers in der Zahlung des Werklohnes* und im Falle der *Zahlungsunfähigkeit* wurde am Schluss des Kapitels II (Rechte und Pflichten des Unternehmers, S. 36) behandelt.

VII. Das Bauhandwerkerpfandrecht

Der Unternehmer hat für seine Forderungen aus dem Werkvertrag Anspruch auf Errichtung eines Bauhandwerkerpfandrechtes nach Massgabe der Art. 837 ff. ZGB. Vorbehalten bleiben Gesetzesbestimmungen, die das Bauhandwerkerpfandrecht für öffentliche Bauten ausschliessen [vgl. Art. 83 SIA Norm 118 (1977)].

Das gesetzliche Pfandrecht der Handwerker und Unternehmer – seinerzeit eine der bedeutendsten Neuerungen des vereinheitlichten schweizerischen Privatrechtes – hat den Zweck, die kreditgewährenden Baugläubiger vor Verlusten zu schützen. Die in den Art. 837-841 ZGB getroffene Regelung räumt dem Bauhandwerker zunächst die Befugnis ein, für seine Forderung unter bestimmten Voraussetzungen die Errichtung eines Grundpfandrechtes zu verlangen. Sodann gibt sie ihm die Möglichkeit, falls er mit seinem Pfandrecht ganz oder teilweise zu Verlust kommt, die Inhaber der vorgehenden Hypotheken für den Ausfall haftbar zu machen, wenn das Grundstück durch deren Pfandrechte in einer für sie erkennbaren Weise zum Nachteil der Handwerker belastet wurde (Anfechtungsrecht, ZGB Art. 841).

Von den zahlreichen in einer umfangreichen Literatur und Rechtsprechung behandelten Fragen seien einige Probleme, welche die im Baugewerbe Tätigen besonders interessieren, herausgegriffen und besprochen.

I. Baugläubiger und Bauforderungen

Wesentliche Voraussetzung für die Errichtung des Pfandrechtes ist eine Forderung des Handwerkers oder Unternehmers (Maurer, Zimmermann, Schreiner, Dachdecker, Elektriker, Installateur, Gärtner usw.), die sich aus *Lieferung von Arbeit oder Arbeit und Material* herleitet (Art. 837 OR). Damit scheiden zwangsläufig blosse Sachlieferanten, wie Lieferanten von Kies, Sand, Backsteinen, ebenso Vermieter von Baumaschinen (SJZ 48, S. 238, und SJZ 57, S. 367/368), aus. Ebensowenig kommen in den Genuss des Privilegs die Ingenieure und Architekten, einmal, weil deren Arbeit mit dem Bauwerk nicht körperlich verbunden ist wie die Bauleistungen der Handwerker, und sodann, weil sie nach ihrer sozialen Stellung gegenüber dem Bauherrn des gesetzlichen Schutzes nicht oder jedenfalls nicht in dem Masse bedürftig erscheinen wie Bauhandwerker (BGE 65 II 1; ZR 38 Nr. 139).

> Dem Generalunternehmer *steht für die von ihm erbrachten Architekt- und Ingenieur-Leistungen kein Bauhandwerkerpfandrecht zu.*
> Unveröffentlichter Rekursentscheid des Obergerichtes des Kantons Zürich, II. Zivilkammer, vom 1.11.1973, unter Hinweis auf Kommentar LEEMANN, Note 42, und BGE 65 II 1

Wenn jedoch die Architektur- und Ingenieurarbeiten mit typischen Bauleistungen gemischt und damit Bestandteile eines einheitlichen Werkvertrages werden, sind sie ebenfalls pfandberechtigt. Generalunternehmer- und Totalunternehmer-Verträge umfassen häufig derartige intellektuelle Leistungen (SCHUMACHER, N. 75, S. 16).
Das Bundesgericht hat dem Generalunternehmer grundsätzlich den Schutz des Bauhandwerkerpfandrechts zuerkannt (BGE 95 II 87 ff.). Nach SCHUMACHER widerspricht die Spaltung des Werkpreises in pfandberechtigte und nicht geschützte Teilbeträge der Natur des GU-Vertrages (SCHUMACHER, N. 77 ff., GAUCH, Nr. 260, vgl. hiezu ferner Urteil des Obergerichtes des Kantons Zürich, II. Zivilkammer, 14.2.1980 in ZR 79 Nr. 80).

> Wenn die beiden Voraussetzungen, Lieferung von Material und Arbeit oder Leistung von Arbeit allein, erfüllt sind, *bleibt ohne Bedeutung, ob der Handwerker rechtlich als juristische Person auftritt und wie immer seine Firmabezeichnung lautet.*
> Unveröffentlichter Entscheid des Bezirksgerichtes Dielsdorf 117/76 vom 20.4.1977

> Ist unklar, ob der Werklohn als solcher ausgewiesen ist oder aber die Werklohnforderung in ein *Darlehen* umgewandelt wurde, soll der Richter jedenfalls den vorläufigen Eintrag des Bauhandwerkerpfandrechtes bewilligen.
> ZBJV 111 S. 30

Nicht privilegiert im Sinne von Art. 837 ZGB sind schliesslich die Arbeiter, Gesellen und Handlanger, die bei einer Baute Arbeit leisten. Ein Bedürfnis zu besonderer Sicherung besteht bei ihnen nicht; denn ihre Löhne sind kurzfristig fällig, und das Schuldbetreibungs- und Konkursrecht gewährt ihnen gegenüber andern Gläubigern eine Vorzugsstellung (Art. 219 und 146 SchKG).

Das Gesetz (Art. 837 Ziff. 3 ZGB) verlangt aber ein mehreres: Die handwerkliche Leistung muss aus *Arbeit oder Material und Arbeit* bestehen. Für die Materiallieferung allein wird das Pfandrecht nicht gewährt, und damit scheiden alle *Sachlieferanten* wie aber auch die *Vermieter* von Baumaschienen aus.

Wer einem Flachmaler ein Gerüst zur Verfügung stellt, das er für die Anbringung eines Fassadenanstriches benötigt, mit diesem Handwerker aber in keinem Vertragsverhältnis steht, besitzt für die *Mietgebühren* gegenüber dem Hauseigentümer *kein Bauhandwerkerpfandrecht.* Hätte der Gerüstvermieter einen *Mietvertrag* mit dem Handwerker abgeschlossen, so könnte letzterer im Rahmen seiner handwerklichen Leistungen auch für die Kosten der Gerüstmiete das Bauhandwerkerpfandrecht anmelden.

Unveröffentlichter Entscheid des Einzelrichters im summ. Verfahren vom 16.3.81, Bezirksgericht Winterthur (siehe auch Urteil betr. «Blitzgerüst» S. 117 Mitte)

Eternittröge, die zur Aufnahme von Pflanzen dienen, sind *Sachlieferungen* des Unternehmers. Sie können ohne Zerstörung weggenommen werden. Kein Bauhandwerkerpfandrecht.

II. Zivilkammer des Obergerichtes des Kantons Zürich, unveröffentlichter Beschluss vom 18.4.1977, Nr. 50 A/77

Bei Möbellieferung im Betrage von ca. Fr. 270 000.– wird differenziert zwischen Mobiliar, das ohne oder ohne grosse Beschädigung aus den Zimmern entfernt oder aber nur nach Zerstörung wesentlicher Teile weggenommen werden kann.

Repertorio di giurisprudenza patria 1978, S. 286 ff.

Für vertretbare Lagerware, wie z.B. Backsteine, Ziegel usw., kommt ein Pfandrecht nicht in Frage. Sog. *Frischbeton* stellt keine vertretbare Sache dar. Er wird nicht ab Lager verkauft, sondern aus einer grossen Zahl möglicher Mischungen jeweils aufgrund eines Werk- oder Werklieferungsvertrages für den Besteller besonders hergestellt. Bei Nichtabnahme wird er innert weniger Stunden unbrauchbar und völlig wertlos. Wenn Frischbeton auch ein Baumaterial im Sinne des allgemeinen Sprachgebrauchs ist, so ist er doch insofern von besonderer Art, als er, anders als Backsteine, Ziegel usw., in der Form, in der er auf Bestellung hergestellt und geliefert wird, nur ganz kurze Zeit verwendbar bleibt. Mit den aufgrund eines Werk- oder Werklieferungsvertrages hergestellten Sachen wie Türen, Fenstern oder Betonbalken (BGE 72 II 349) hat Frischbeton gemein, dass seine Tauglichkeit erst nach der Verwendung abschliessend geprüft werden kann. Es erscheint zweifelhaft, ob dem Lieferanten entge-

gengehalten werden kann, er sei nicht vorleistungspflichtig. *Die Voraussetzungen zur Bewilligung der vorläufigen Eintragung des Bauhandwerkerpfandrechtes im Sinne von Art. 837 und 839 ZGB erscheinen als
gegeben.*

Pra 50, S. 91/92

Auch das Obergericht des *Kantons Appenzell AR* räumt dem Lieferanten
von *Frischbeton* ein Bauhandwerkerpfandrecht ein, und zwar gestützt
auf die folgenden Überlegungen: Man kann sich fragen, ob die Lieferung
von Frischbeton lediglich eine Waren- oder Materiallieferung darstelle
oder ob sie notwendigerweise mit einer Arbeitsleistung verbunden sei.
Nun werden aber dem Besteller von Frischbeton im konkreten Fall nicht
weniger als 68 verschiedene Mischungen angeboten, wobei die Spezial-
Zementsorten und Zusatzmittel wie Verzögerer, Sperrmittel, Verdichter,
Verflüssiger, Frostschutz usw. nicht separat aufgeführt sind. Jeder Kunde
kann Spezialrezepte verlangen, andere Kies-/Sand-Zusammensetzungen
voraussetzen oder abweichende Wasserzusätze bedingen.

Die Zusammensetzung des Betons ist weitgehend mechanisiert und auto-
matisiert. Die Automation vermag an der Tatsache, dass auch heute noch
für die Herstellung des Betons massgebende Arbeitsleistungen erforderlich sind, nichts zu ändern. Es ist eine Folge der technischen Entwicklung,
dass sich das Schwergewicht der rein manuellen Arbeit auf blosse Steue-
rungs- und Kontrollfunktionen der Angestellten verlagert hat. *Es kann
keinen Unterschied ausmachen, ob der Betonlieferant den Beton auf der
Baustelle zubereitet* (dann wären die nötigen Arbeitsleistungen jederzeit
sichtbar) oder ob er eine *Hausanfertigung* vornimmt.

SJZ 65, S. 296/297, Nr. 141

In einem am 28.10.1971 ergangenen Urteil (Beton frais Lausanne SA/
Inverni) bestätigt das Bundesgericht die Praxis, wonach der Betonherstel-
ler für den für den Bau eines Hauses gelieferten Frischbeton Anspruch auf
die Errichtung eines Bauhandwerkerpfandrechtes besitzt. Wäre Transportbeton eine vertretbare Sache, so müsste der Anspruch auf Eintrag des
Bauhandwerkerpfandrechtes versagt werden. Transportbeton ist jedoch
als nicht vertretbare Sache zu qualifizieren, die nach bestimmten Angaben
hergestellt wird, und zwar aufgrund eines Werkvertrages. Freilich ist die
Fabrikation sehr einfach und geht schnell vor sich, das ist aber darauf
zurückzuführen, dass der Gesuchsteller über eine moderne technische
Installation verfügt. Geschwindigkeit und Einfachheit der Fabrikation
sind das Resultat des technischen Fortschrittes. Transportbeton wird in
verhältnismässig kurzer Zeit unbrauchbar. Er verhärtet sich zwei Stunden
nach der Herstellung. Die Situation des Lieferanten von Transportbeton
lässt sich nicht mit jener eines Verkäufers von Ware, die am Lager liegt,
vergleichen.

Der Einwand des Beklagten, es dürfe für die *Transportkosten* von Fr. 4440.– das Pfandrecht nicht gewährt werden, wurde auf Grund der folgenden Überlegungen abgelehnt:

An sich treffe es zu, dass Fuhrleute üblicherweise nicht die Vorteile des gesetzlichen Pfandrechtes genössen. Hier handle es sich aber um den Transport von Frischbeton, welchen der Fuhrhalter im Auftrag der Klägerin ausgeführt habe, was nichts anderes als eine der Möglichkeiten der Ausführung des Werkvertrages bedeute. Wäre der Frischbeton durch den Hersteller selbst transportiert und der Transport in der Lieferfaktura enthalten gewesen, hätte das Pfandrecht für den gesamten Fakturabetrag gewährt werden müssen.

BGE 97 II 212 ff. (französischer Text), deutscher Text siehe Neue Zürcher Zeitung, Mittagsausgabe Nr. 569 vom 6.12.1971

Der Unterakkordant hat auch dann Anspruch auf ein Bauhandwerkerpfandrecht, *wenn er den Frischbeton nicht selber herstellt, sondern von einer Betonfabrik, die im Entscheid als Subunterakkordant bezeichnet wird, bezogen hat.*

ZR 79, Nr. 12

Bei gesamthafter Vergebung von Frischbetonlieferungen, bestimmt für Bauten auf mehreren Grundstücken, beginnt die Eintragungsfrist für jedes einzelne Grundstück mit Beendigung der für dieses Grundstück gemachten Frischbetonlieferungen. Der Richter hat abzuklären, ob ein Grundvertrag, beispielsweise umfassend sämtliche Lieferungen für sechs Einfamilienhäuser, abgeschlossen wurde. Vermögen die ins Recht gefassten Grundeigentümer nachzuweisen, dass der Bauunternehmer die Frischbetonlieferungen jeweils separat in Auftrag gab, u. U. verschiedene Lieferanten beizog, so kann das für die Beachtung der Dreimonatsfrist von entscheidender Bedeutung sein. Das Bauhandwerkerpfandrecht ist durch den Mehrwert gerechtfertigt, den ein bestimmtes Grundstück durch Arbeit oder Arbeit und Material erhält. Fehlt es an diesem Mehrwert, besteht kein Grund zur Gewährung des Pfandrechtes. Grundsätzlich ist darum davon auszugehen, dass für jedes einzelne Grundstück die Eintragsfrist gesondert läuft. Stimmen die Einträge im Tagebuch und Hauptbuch nicht überein z.B. weil eine falsche Übertragung erfolgte, so ist das Hauptbuch durch den Grundbuchverwalter zu korrigieren.

ZR 79, Nr. 13, S. 27 ff.

Der Lieferant einer individuell bestimmten, auf Grund eines Werklieferungsvertrages eigens für den Bau hergestellten und abgepassten Sache, *sog. Granito-Balkendecken* samt dazugehörigen Verteileisen, ist eintragungsberechtigt. Der Umstand, dass er die Betonbalken und Verteileisen lediglich franko Baustelle liefert, während die Herstellung der Decken durch Einbau der Betonbalken durch einen andern Unternehmer besorgt wird, ist ohne Bedeutung. Es liegt weder ein Kaufvertrag noch ein reiner Werkvertrag vor, sondern ein aus beiden Vertragstypen gemischtes Geschäft, *sog. Werklieferungsvertrag.*

BGE 72 II 347 ff.

Anspruch auf Eintrag der Fakturasumme für einen montierten *Ölbrenner* bejaht. Es liegt kein einfacher Kaufvertrag vor; denn die *Montage* beträgt ein Drittel der Fakturasumme. Lieferung zum Teil eigens für den betreffenden Bau angefertigt. Rechtlich hat man es mit einem sog. Werklieferungsvertrag zu tun, der nach bundesgerichtlicher Rechtsprechung als Werkvertrag zu behandeln ist.

Unveröffentlichter Entscheid des Bezirksgerichtes Winterthur vom 18.12.1964

Der Lieferant *von nach Mass angefertigten Fenstern und Türen* kann das Bauhandwerkerpfandrecht beanspruchen, auch dann, wenn er die Einfügung dieser Baubestandteile in den Bau nicht rechtzeitig vornimmt. Es ist ohne Belang, ob eine Drittfirma oder der Lieferant selbst Fenster und Türen anschlägt oder nicht. Ohne Bedeutung ist es ferner, ob sich beim Anschlag Schwierigkeiten ergaben. Erst nach erfolgtem Einbau waren die Arbeiten fertiggestellt.

Luzerner Maximen XI, S. 308/294

Ist der Nachweis seitens des Handwerkers erbracht, dass nicht nur Material geliefert, sondern zusätzlich Arbeit geleistet wurde, so kann die Eintragung für die genannte Handwerkerforderung beansprucht werden. Ob diese Forderung nun manuelle Arbeit betrifft, *ob in ihr Kosten für Transport, Zurüstung usw.* enthalten sind, ist bedeutungslos.

SJZ 32, S. 286, S. 238

Dem Lieferanten von *Armierungseisen,* welche an den Fabrikanten von Fertigbauelementen gehen, steht kein Anspruch auf Eintrag des Bauhandwerkerpfandrechtes zu. Der Lieferant war Verkäufer einer Ware, die er zum Teil fertig bezog, zum Teil Dritten zur Bearbeitung übergab und nur zu einem geringen Teil selber auf die gewünschte Länge zuschnitt. Für diese 3. Kategorie kann er sich auf Arbeitsleistungen, die er erbracht hat, berufen, indessen war dominierendes Element auch hier die Sachlieferung. Der Käufer und Fabrikant der Fertigbauelemente war an der Fertigware interessiert, gleichgültig, ob sie der Lieferant am Lager hatte, erst bestellen oder noch ändern musste. Die vorgenommenen Änderungen waren von untergeordneter Bedeutung: Schneiden, Zurechtbiegen. Mit der Ausarbeitung des Armierungsplanes oder der Armierung des Gebäudes oder von Teilen desselben hatte der Lieferant nichts zu tun. Er war als

Handwerker nicht am Bau beteiligt. Seitens des Fabrikanten lag rechtlich gesehen ein Kauf von Fertigware vor, für den Lieferanten bestand keine Vorleistungspflicht, wie sie in einem bundesgerichtlichen Entscheid bei Balkendecken (72 II 347) oder bei Frischbeton angenommen wurde. Die Tauglichkeit der Ware konnte vor der Verarbeitung geprüft werden (nach der bestehenden Usanz werden Armierungseisen sogar vor dem Entladen des Lastwagens geprüft). Da der Lieferant auf Lager fabrizierte und seine Produkte an beliebige Interessenten verkaufte, dürfte er kaum in der Lage sein, nachzuweisen, dass das gesamte von ihm an den Fabrikanten der Fertigbauelemente gelieferte Eisen wirklich in das Gebäude des von ihm eingeklagten Bauherrn ging.

BJM 1967, S. 279 ff.

Kein Bauhandwerkerpfandrecht für *Armierungsstahl,* auch wenn dieser für den in Frage kommenden Bau (Einfamilienhaus) nach von einem Ingenieur erstellten Eisenlisten abgebogen und zugeschnitten worden ist. Feststellung des urteilenden Gerichtes, dass der Lieferant des Stahls nicht als Handwerker oder Unternehmer, sondern als Verkäufer auftrat und jede einzelne Lieferung auf der Baustelle oder im Lager des Lieferanten sofort nach Menge und Qualität kontrolliert worden war. Das blosse Schneiden und Zurechtbiegen eines Teils der Ware erlaube die Gutheissung des Gesuches auf Eintrag des Bauhandwerkerpfandrechtes nicht.

BJM 1971, S. 76 ff./SJZ 67, Nr. 24, S. 59

Im Gegensatz zu den beiden vorerwähnten Entscheiden hat das Appellationsgericht des Kantons Tessin mit Urteil vom 26.10.1965 dem Lieferanten von *Armierungseisen* das Bauhandwerkerpfandrecht zugebilligt, wobei es zur Bewilligung des provisorischen Eintrags genügte, dem Richter die Liste des für ein bestimmtes Bauvorhaben zu schneidenden und zu biegenden Betoneisens, ferner den Lieferschein und die Fakturakopie vorzulegen. Das Gericht betrachtete den Umstand, dass der Arbeitsaufwand, verglichen mit dem Materialwert, geringfügig war, als unbeachtlich.

Repertorio di giurisprudenza patria 99, S. 76/77

Es darf heute festgestellt werden, dass sich die Auffassung, wonach für Armierungseisen das Bauhandwerkerpfandrecht zu bewilligen ist, durchgesetzt hat. Hiezu die folgenden weiteren Urteile:

Gleichlautend ein Urteil des Obergerichtes des Kantons Thurgau vom 26. November 1968, wobei festgehalten wurde, dass die Armierungseisen aufgrund von Eisenlisten nach Ingenieurplänen speziell für einen bestimmten Neubau vorbearbeitet sowie zurechtgeschnitten und gebogen wurden. Mit dieser Tätigkeit sei eine Individualisierung erfolgt. Einmal zugeschnittene und abgebogene Längen könnten nicht am Lager gehalten werden in der Erwartung, man würde sie früher oder später wieder verkaufen können.

Für Armierungseisen, die für einen bestimmten Bau angefertigt worden sind, ist das Bauhandwerkerpfandrecht zu gewähren, da es sich um Werklieferungen handelt. Unbearbeitetes Eisen oder Lagerwaren stellen blosse Materiallieferungen dar. Die Zusprechung eines Bauhandwerkerpfandrechtes kommt nicht in Frage. Listenlieferungen wiederum gelten gesamthaft als Werklieferungen. Sie geben deshalb Anspruch auf Pfandbestellung, immer vorausgesetzt, die Parteien hätten nichts anderes vereinbart und die Ausscheidung sei unterblieben.

BGE 103 II 33

Aufgrund gleicher Überlegungen ist das Bauhandwerkerpfandrecht für Stahlstützen, die nach Plänen eines Bauingenieurs verfertigt wurden, zu gewähren. Die fraglichen Stahlstützen wurden auf bestimmte Masse zugeschnitten, aus Flachstahl gefräst, mit Fuss- und Kopfplatten versehen, ferner gereinigt und verzinkt.

Unveröffentlichter Entscheid des Obergerichtes des Kantons Zürich vom 31.3.1976 i.S.O./M.

Der Lieferant von Baumaterialien, dem das Bauhandwerkerpfandrecht versagt ist, wird zu prüfen haben, ob ihm gegen den Eigentümer des Bodens, auf welchem das Material verwendet wurde, Rechte gemäss Art. 671/672 ZGB zustehen (hiezu BGE 99 II 131 ff. mit Zitaten).

Häufig überträgt ein Handwerker die Ausführung eines ihm erteilten Auftrages einem Dritten, dem sogenannten *Unterakkordanten*, der, obwohl in keinem Vertragsverhältnis zum Bauherrn stehend, als sogenannter *mittelbarer ebenso wie der unmittelbare Baugläubiger nach Art. 837 Ziff. 3 einen Anspruch auf Eintragung des Bauhandwerkerpfandrechtes hat*. Denn wesentlich ist, dass der betreffende Handwerker Arbeit oder Arbeit und Material in den Bau lieferte. Nicht der mit dem Eigentümer abgeschlossene Werkvertrag, sondern die Leistung für das Werk bildet die Grundlage des Privilegs (LEEMANN, Art. 837, Note 44, und Erläuterungen zum Vorentwurf [1914], S. 280).

Da der Eigentümer auf die Forderungen der Unterakkordanten keinen direkten Einfluss besitzt – das ist insbesondere der Fall, wenn er einen Bau auf Grund einer Pauschale an einen Generalunternehmer vergibt –, ist zu seinem Schutze entschieden worden, dass seine grundsätzlich für die gesamten Forderungen der einzelnen Handwerker und Unternehmer – und zwar auch für die Forderungen der Unterakkordanten gegen den Oberakkordanten – bestehende Haftung auf diejenigen Beträge beschränkt sein soll, die er selber für die betreffenden Arbeiten schuldig geworden ist. Die Bauforderungen der Unterakkordanten müssen sich deshalb, falls sie eintragungsberechtigt sein sollen, auf Arbeiten beziehen, die der Eigentümer bestellte und deren Preis den Betrag nicht übersteigt, mit welchem sie bei Festsetzung des Preises für den ganzen Bau in Rechnung gestellt worden waren (HOMBERGER/MARTI, S. 2).

> Der Anspruch auf das Pfandrecht besteht auf die ganze Forderung des Handwerkers, nicht nur auf den Schätzungswert, doch haftet der Eigentümer dem Unterakkordanten nur für denjenigen Betrag, den er dem Oberakkordanten selber für die Arbeit schuldet.
>
> BGE 39 II 211 ff./vgl. ferner BGE 56 II 166

> Der Anspruch des Unterakkordanten besteht nur insoweit, als der Bauherr nicht an den Hauptakkordanten gültig Zahlung leistete.
>
> SJZ 55, S. 92

> Das *zürcherische Obergericht* vertritt, unter entschiedener Ablehnung der Argumente des Bundesgerichtes, die Auffassung, der Eigentümer hafte mit dem Grundstück nicht nur für den Betrag, den er dem Oberakkordanten schuldig geworden ist, sondern für die ganze Forderung des Unterakkordanten.
>
> ZR 26 Nr. 5, ZR 45 Nr. 206

Die kantonale Rechtsprechung stimmt mit jener des Bundesgerichtes überein. Als Beispiele seien folgende Entscheide angeführt:

> Dem Unterakkordanten steht auch bei Fehlen direkter vertraglicher Rechtsbeziehungen zum Bauherrn ein Pfandrecht zu, sogar wenn der Bauherr den Generalunternehmer bereits gedeckt hat (folgt Hinweis auf BGE 95 II 87 und 221). Das Bezirksgericht Horgen entschied, zur Feststellung der Pfandsumme sei nur zu prüfen, ob die Arbeitsleistung gültig vereinbart, vollzogen und das geforderte Entgelt nicht rechtsmissbräuchlich zur Benachteiligung des Grundeigentümers festgesetzt sei. Nach MOSIMANN: «Der Generalunternehmervertrag im Baugewerbe», Diss. Zürich 1972, S. 162, umfasst der Sicherungsanspruch des Unterakkordanten seine volle Forderung dem Generalunternehmer gegenüber, unabhängig davon, ob zwischen diesem und dem Bauherrn ein niedrigerer Werklohn vereinbart worden war. Dem vom Unterakkordanten beanspruchten Grundeigentümer stünden alle Einreden des Generalunternehmers aus eigenem Recht zu, auch solche, die vom letzteren nicht mehr geltend gemacht würden oder werden könnten. Ausgeschlossen sei da-

gegen der Grundeigentümer mit allen Einwendungen aus seinem eigenen Generalunternehmervertrag (S. 175 f.).

Ohne Belang ist, ob der Bauherr den Oberakkordanten bezahlte, allenfalls muss er für die gleiche handwerkliche Leistung zweimal Zahlung leisten. Der Betrag, auf welchen das Bauhandwerkerpfandrecht eingetragen werden muss, kann beispielsweise dem Werkvertrag oder dem Kostenvoranschlag entnommen werden. Wurde aber diese fixe Summe nicht eingehalten und sind im Einverständnis mit dem Bauherrn Auftragserweiterungen vorgekommen, steht schliesslich fest, dass dem Oberakkordanten durch den Bauherrn mehr bezahlt worden ist als ursprünglich abgemacht, so hat auch der Unterakkordant, da seine Lieferung einen nützlichen Bestandteil der Gesamtanlage bildet, Anspruch auf Eintrag des Bauhandwerkerpfandrechtes für die von ihm erbrachten Leistungen.

Aargauische Gerichts- und Verwaltungsentscheide 1967, S. 41, Ziff. 5 und 6

Der Anspruch auf Errichtung eines Bauhandwerkerpfandrechtes kann auch gegenüber dem Dritterwerber des Grundstückes geltend gemacht werden. Die Käufer von Neubauten dürfen den Bauhandwerker nicht um sein Vorrecht bringen.

Luzerner Maximen XI, S. 121, Nr. 107

Nach einem Urteil des Bundesgerichtes (BGE 105 IV 102) *liegt Betrug im Sinne von Art. 148 StGB vor,* wenn bei einem Baurenovationsvertrag der Baubeauftragte dem Auftraggeber verschweigt, dass ein Unterbeauftragter nicht bezahlt wurde, und wenn er ihm vorspiegelt, mit der vertraglichen Zahlung seien alle Ansprüche aus dem Auftrag saldiert. *Mit dem provisorischen Eintrag des Bauhandwerkerpfandrechts ist der Auftraggeber geschädigt und der Tatbestand des Betrugs vollendet.*

Verschieden beantwortet haben die Gerichte sodann die Frage, ob ein Handwerker, der für einen *Mieter* Umbauten, Reparaturen und Verbesserungen u.a. ausführte, Anspruch auf Eintrag eines Bauhandwerkerpfandrechtes besitze.

Verneinend:

Für *Reparaturarbeiten,* die ein Untermieter *ohne Wissen des Eigentümers* ausführen liess, besteht kein Anspruch auf ein Bauhandwerkerpfandrecht.

Cour de justice, Genf, 21.11.1914/SJZ 11, S. 334

Der Installateur, welcher im *Auftrag des Mieters* die Heizanlage und die sanitären Einrichtungen, welche im Winter eingefroren waren, instand stellt, hat kein Pfandrecht für geleistete Arbeit und Material.

Rekurskammer des Zürcher Obergerichtes, 4.8.1917/ZR 17, Nr. 124

Lieferung einer *Ladeneinrichtung* im Wert von rund *6000 Franken im Auftrag des Mieters*. Kein Handwerkerpfandrecht, da dessen Forderung sich gegen den Mieter richtet und dieser nicht mit Ermächtigung des Eigentümers handelte. Von einer Bereicherung des Eigentümers kann nicht gesprochen werden, da die Ladeneinrichtung als Fahrnis zur Konkursmasse des Mieters gezogen und verwertet wurde.

Obergericht des Kantons Zürich, 4.9.1926/ZR 26, Nr. 128

Bejahend:

Der Bauhandwerker hat einen Anspruch auf Eintragung eines gesetzlichen Pfandrechtes auch dann, wenn Arbeiten zwar nicht vom Eigentümer selbst, sondern von einem *Mieter, Pächter oder Niessbraucher,* jedoch mit ausdrücklicher oder stillschweigender Einwilligung des Eigentümers angeordnet worden sind.

Cour de justice, Genf, 4.3.1927/SJZ 24, S. 43

Der Anspruch auf Eintragung eines Bauhandwerkerpfandrechtes ist realobligatorischer Natur; er besteht daher auch zugunsten eines Handwerkers, *der für einen Mieter* die Lieferung und Installation einer Waschmaschine und Zentrifuge übernahm, und zwar gleichgültig, ob der Grundeigentümer durch sein Verhalten die Entstehung der Bauforderung mitveranlasst hat oder nicht.

Bezirksgericht Horgen, 15.12.1959/SJZ 56, S. 260/261

Einbau eines Kleintheaters durch den Mieter mit Bewilligung des Eigentümers mit einem Kostenaufwand von rund *100 000 Franken.* Recht auf *provisorischen Eintrag* des Bauhandwerkerpfandrechtes zugesprochen in der Meinung, dass damit dem Handwerker die Möglichkeit gegeben werden soll, seinen Standpunkt im ordentlichen Prozess zu verfechten.

Appellationsgericht des Kantons Basel-Stadt, 16.2.1951/SJZ 47, S. 374/375

Die Forderung muss sich, um eintragungsfähig zu sein, auf eine *Baute* (Gebäude, Brücke, Damm, Gartenanlage, Weg, Kanal, Reservoir u.ä.) beziehen. Ob sie einen Neubau, Umbau oder eine Reparatur betrifft, ist dagegen nicht von Bedeutung (LEEMANN, Art. 837, Note 53). Ebensowenig spielt es eine Rolle, ob die Forderung aufgrund einer werkvertraglichen Abmachung entstanden ist (SJZ 57, S. 369).

An einer *Fahrnisbaute* (als welche z.B. eine demontierbare Fabrikations- und Lagerhalle betrachtet wurde) kann nach einem Entscheid der *I. Kammer des Obergerichtes des Kantons Luzern* kein Bauhandwerkerpfandrecht bestellt werden. Bei der in Frage stehenden *Fahrnisbaute* handelte es sich um einen sog. Reversbau mit zeitlich beschränktem Bestand. Nach Auffassung des Gerichtes deutete der fehlende Grundbucheintrag auf den Fahrnischarakter hin. Ein pfändbares Grundstück sei nicht vorhanden.

Luzerner Maximen 11, S. 425, Nr. 332, ZBJV 101, S. 406

Für eine *vertikal bewegliche Tanzdiele,* mit einem Kostenaufwand von Fr. 49 782.– erstellt, die aber nicht fest mit dem Gebäude verbunden war, kann kein Bauhandwerkerpfandrecht verlangt werden. Wohl war die Diele ein integrierender Bestandteil des Gebäudes. Sie konnte aber ohne Schwierigkeiten und ohne Beschädigung des Gebäudes weggenommen werden.

Repertorio di giurisprudenza patria 8, S. 112/13

Bei Tanks lässt sich nach Auffassung des Bundesgerichtes nicht generell sagen, ob sie Bestandteile einer Liegenschaft sind und damit Anlass zum Eintrag eines Bauhandwerkerpfandrechts geben können. Jeder Einzelfall ist selbständig zu würdigen. Frei stehende, kleinere und auch grössere *handelsübliche Tanks* dürften nicht als Gebäudebestandteil gelten. Die Voraussetzung für ein Bauhandwerkerpfandrecht ist dagegen gegeben bei grösseren, für einen bestimmten Betrieb angefertigten Stahltanks, die von der Schwerkraft auf besonderen Sockeln aufrecht erhalten werden, zu einem ganzen System zusammengefasst und durch starre erdverlegte Leitungen mit einer Werkanlage verbunden sind.

Urteil des Bundesgerichtes vom 9.10.80, veröffentlicht in Schweiz. Hauseigentümer vom 1.11.81 und BGE 106 II 333 ff.

Vorfabrizierte Garagen, die, einmal aufgestellt, sich nur sehr schwer verschieben lassen, sind keine Fahrnisbauten im Sinne von Art. 677 ZGB. Anspruch auf Eintrag des Bauhandwerkerpfandrechtes bejaht.

BGE 105 II, S. 264 ff.

Für auf Vorrat angefertigte Norm-Garagen hat das Obergericht des Kantons Thurgau die Gewährung des Bauhandwerkerpfandrechtes abgelehnt.

Rechenschaftsbericht des Obergerichtes des Kantons Thurgau 1975, S. 48, Nr. 5

Das Begehren eines *Unterakkordanten,* der im Auftrag eines *General- unternehmers eine demontable Fabrikhalle* erstellt und, als der General- unternehmer zahlungsunfähig wurde, einen Anspruch auf Eintrag des

Bauhandwerkerpfandrechtes gegen den Grundeigentümer geltend machte, gab dem Bundesgericht Gelegenheit, sich zunächst in grundsätzlicher Art und Weise zur *Rechtsnatur des Anspruchs auf Errichtung eines gesetzlichen Grundpfandrechtes für Forderungen der Bauhandwerker und Unternehmer zu äussern, seine bisherige Praxis in Wiedererwägung zu ziehen und sodann die Unterscheidungsmerkmale zwischen Fahrnis- und Dauerbauten herauszuarbeiten.*

> Urteil des Bundesgerichtes i.S. Robusti gegen Kieswerk Hüntwangen AG (BGE 92 II 227 ff.), ausführlich wiedergegeben und kommentiert bei REBER, Rechtshandbuch für Bauunternehmer etc., 4. Auflage, S. 109 ff.

Der Anspruch auf Eintragung umfasst die *gesamte Handwerkerforderung* (manuelle und maschinelle Arbeit, SJZ 32, S. 286, SJZ 48, S. 238), Transportkosten, Zurüstungsspesen usw. Die Abgrenzung zwischen am Bau beteiligten und damit zum Pfandrechtseintrag berechtigten Unternehmern und reinen Materiallieferanten ist nicht immer einfach und wird mit zunehmender *Vorfabrikation einzelner Bauteile* nicht einfacher werden. Aus der reichen Judikatur seien die folgenden für die Praxis wichtigen Entscheide angeführt:

> Eintragungsberechtigt ist der Bauunternehmer, der *Granitplatten* für eine Baute liefert, die er zwar auf seinem eigenen Werkplatz, aber speziell mit Rücksicht auf das besondere Bauwerk bearbeitet hat.
>
> SJZ 15, S. 72

> Der Unternehmer, welcher im Auftrag eines Malermeisters an einem Hause ein sogenanntes *Blitzgerüst* anbringt, hat Anspruch auf Eintragung des Bauhandwerkerpfandrechtes. Das Erstellen eines Gerüstes ist Voraussetzung der Ausführung von Malerarbeiten an einem Gebäude. Das Gerüst bildet daher mit den Malerarbeiten Bestandteil der zum Bau gelieferten Arbeiten.
>
> ZR 29, Nr. 126

> Ein Schreiner- und Glasermeister, der *fertig erstellte Fenster* liefert und am Neubau durch seine Arbeiter anschlagen lässt, kann die *vorläufige Eintragung* des Bauhandwerkerpfandrechtes verlangen.
>
> ZR 27, Nr. 58

> Dagegen wurde die Eintragsberechtigung einem *Kunststeinlieferanten* abgesprochen, obwohl er die Steine nach bestimmten Massen angefertigt hatte, und dies mit der Begründung, es habe für ihn keine Notwendigkeit bestanden zu kreditieren.
>
> SJZ 10, S. 72

Fuhrleute, die Erde oder Baumaterial zum Bau führen oder wegschaffen, können kein Bauhandwerkerpfandrecht beanspruchen.

ZR 24, Nr. 214

Kein Bauhandwerkerpfandrecht für das Anbringen eines Bodenteppichs; denn es genügt zur Erlangung des Pfandrechtsanspruches nicht, dass das Material zur Baustelle oder in die Baute gebracht und dort vom Lieferanten mit ein paar Nägeln oder Schrauben befestigt wird.

ZR 25, Nr. 82

Wie auf S. 105 vorn kurz vermerkt, ist das Bauhandwerkerpfandrecht für *öffentliche Bauten* (Strassen, Plätze, Schulhäuser, Kasernen, Kirchen, Friedhöfe) ausgeschlossen. Die sich stellenden rechtlichen Fragen und die sich darauf beziehende kantonale und eidgenössische Rechtsprechung werden einlässlich dargestellt im Rechtshandbuch des Autors (4. Auflage), S. 116 bis 119.

Der Gefahr, dass der Baugläubiger, gezwungen durch den Konkurrenzkampf, auf den gesetzlichen Schutz verzichtet, hat das ZGB in der Weise vorgebeugt, dass es erklärt, der Berechtigte könne *im voraus* auf das Pfandrecht nicht verzichten (Art. 837, letzter Absatz). Dem Handwerker bleibt freilich unbenommen, nach Entstehen des Pfandrechts durch ausdrückliche Erklärung oder aber Unterlassung der rechtzeitigen Anmeldung auf sein Pfandrecht zu verzichten.

Tritt der Baugläubiger nach Eintragung des Pfandrechtes seine Forderung ab, so geht das Pfandrecht auf den Zessionar über (ZR 12, Nr. 154).

2. Die Eintragungsfrist

Die Eintragungsfrist beginnt zu laufen vom Zeitpunkt an, da sich der Handwerker zur Arbeitsleistung verpflichtet hat – das ist üblicherweise der Tag der Unterzeichnung des Werkvertrages –, längstens bis zur Vollendung der Arbeit (Art. 839 ZGB).

Bei einem Neubau laufen eine ganze Anzahl voneinander getrennte Fristen, da jeder Werkvertrag eine bestimmte Arbeitsgattung beschlägt, die ihren eigenen Anfang und ihr eigenes Ende hat.

Die Dreimonatsfrist ist *kalendermässig* zu bestimmen. Sie darf somit nicht 90 Tagen gleichgesetzt werden (Art. 77 Ziff. 3 OR).

Wenn die dreimonatige Frist am 29. Februar abläuft, das Gesuch um Eintragung laut Poststempel dem Grundbuchamt am 27. Februar übermittelt wurde, welches das Begehren am 29. Februar 13.00 oder 18.00 Uhr an den Einzelrichter weiterleitete, dieser aber am 29. Februar nicht im Besitz des Gesuches war und darum auch die Eintragung nicht veranlassen konnte, ist die gesetzliche Frist nicht mehr gewahrt.

ZR 24, Nr. 176, S. 325

Die Frist gemäss Art. 839 Abs. 2 ZGB ist eine *Verwirkungsfrist,* nach deren Ablauf ein Antrag nicht mehr zulässig ist. Nach Fristablauf kann auch die geltend gemachte Pfandforderung nicht erhöht werden.

Unveröffentlichter Entscheid des Obergerichtes des Kantons Zürich, II. Zivilkammer, vom 22.11.1971, unter Hinweis auf BGE 39 II 139, 40 II 201 f. und 53 II 219

Innerhalb der Dreimonatsfrist muss wenigstens eine provisorische Eintragung des Bauhandwerkerpfandrechtes vorgenommen worden sein. Es genügt nicht, wenn innerhalb der genannten Frist bloss die Eintragung verlangt wurde.

SJZ 54, S. 76, Nr. 36

Unterlässt der Richter, dem Grundbuch Mitteilung über *Anordnung und Dauer der Klagefrist* zu machen, muss der Bauhandwerker diesen behördlichen Fehler nicht entgelten. Auf die Klage betreffend *Bestätigung des Bauhandwerkerpfandrechtes* ist einzutreten.

BGE 99 II 388, ferner Urteilsbesprechung durch LIVER in ZBJV 111, S. 71 f.

Nach Gesetz und Lehre genügt die Einschreibung ins Tagebuch innerhalb der Frist mit nachfolgender Eintragung bzw. Vormerkung auf dem Hauptbuchblatt. (Art. 961 ZGB und GVO 22 und 75/6, HOMBERGER, Komm. zum Sachenrecht, Besitz und Grundbuch Note 28/39 zu Art. 961).

Die Dreimonatsfrist kann, wie oben bereits ausgeführt, *frühestens* zu laufen beginnen am Tag, da sich der Handwerker zur Arbeitsleistung verpflichtete (Art. 839 Abs. 1 ZGB). Das für den Unternehmer indessen bedeutungsvollere Datum ist der Tag der Vollendung der Arbeit, ab welchem Zeitpunkt die dreimonatige Frist *spätestens* ihren Lauf nimmt (Art. 839 Abs. 2 ZGB).

Wird vor Vollendung der Arbeit diese dem Handwerker entzogen, so ist das Datum der Wegnahme und nicht jenes, an welchem die letzte Arbeit ausgeführt worden ist, massgebend für den Beginn der Dreimonatsfrist (Zeitschrift f. Grundbuchrecht, Bd. 59, S. 308 ff., unter Hinweis auf BGE 39 II 210).

Die gleiche Auffassung vertrat das Bundesgericht in einem Entscheid vom 7. Oktober 1994 (BGE 120 II 389); von diesem Grundsatz wurde indessen abgewichen, nachdem der Bauherr nach erfolgter Vertragsauflösung den Unternehmer ersucht hatte, noch *gewisse unerlässliche Arbeiten* auszuführen.

Zu den Vollendungsarbeiten gehören auch solche, die aus *Sicherheitsgründen* ausgeführt wurden, und zwar auch dann, wenn sie nur wenig Aufwand und Material erforderten (BGE 102 II 206).

Oft hält es schwer, nachträglich den für den Beginn der Dreimonatsfrist entscheidenden Tag der Vollendung der Arbeit festzustellen.

Die Tatsache, dass nachträglich gewisse Ausbesserungen gemacht worden sind (z.B. am Kamin, weil von der Feuerpolizei verlangt), der Handwerker Garantiearbeiten oder, einem später geäusserten Wunsche des Bauherrn folgend, Ergänzungsarbeiten ausführte, die als Wiederholung oder Verbesserung der schon geleisteten Arbeit anzusehen waren, vermag den Beginn des Fristenlaufes nicht zu hindern (SJZ 52, Nr. 160, S. 348; BGE 53 II 478, 76 II 134; LEEMANN, Art. 839, Note 19/20; gegenteiliger Entscheid SJZ 34, S. 303). Aus dem Kreis der Vollendungsarbeiten sind sodann auszuscheiden die absichtlich vom Unternehmer hinausgezogenen (geringfügigen) Arbeiten, anderseits die vom Besteller später separat erteilten Zusatzaufträge (LEEMANN, Art. 839, Note 19/20).

> Verzögert der Bauhandwerker die Vollendung der Arbeit in unzulässiger Weise, so hat ihm der Bauherr hierfür eine Frist anzusetzen; der betreffende Termin gilt sodann als der Zeitpunkt, in welchem die Arbeit vollendet wurde.
>
> SJZ 54, S. 76, Nr. 36

> Echte Vollendungsarbeiten können auch solche Arbeiten sein, die witterungsbedingt nach Vollendung der Hauptarbeiten in Angriff genommen werden. Im strittigen Fall handelte es sich um Zementüberzüge auf Kellerabgang und Boden eines Abstellraumes. Absichtliche Verzögerung der Arbeiten durch den Handwerker verneint.
>
> Unveröffentlichtes Urteil BG Bülach v. 15.7.1975 i.S. P/St.

> Wochen nach der Ablieferung einer kompletten Kücheneinrichtung und erfolgter Rechnungstellung wurden von einem Angestellten der Lieferfirma verschiedene kleinere Arbeiten wie Regulierung eines «Karussells»

und verschiedener Schrank- und Schubladenverschlüsse ausgeführt. Zusätzlich baute er eine Abzugsschublade ein und nahm Justierungen vor. Kein Bauhandwerkerpfandrecht. *Inordnungsstellungsarbeiten sind keine Fertigstellungsarbeiten.* Die Küche war sofort nach erfolgter Lieferung brauchbar.

BGE 101 II 253

Eine Arbeit ist nicht vollendet, wenn faktisch zu arbeiten aufgehört wurde, sondern erst dann, wenn aufgrund des mit dem Handwerker oder Unternehmer abgeschlossenen Vertrages nichts mehr zu tun ist. Die Frist von drei Monaten beginnt somit im Zeitpunkt zu laufen, in welchem dem zum Eintrag Berechtigten keine vertragliche Verpflichtung zu Fertigstellungsarbeiten mehr traf.

Unveröffentlichter Beschluss der II. Zivilkammer des Obergerichts des Kantons Zürich vom 22.6.1977 i.S. K./div. unter Hinweis auf Pra 65, Nr. 32, und ZR 70, Nr. 110

Die Demontage der provisorisch montierten Heizkörper und ihre Wiedermontage nach Beendigung der Malerarbeiten ist ein wesentlicher Teil der Arbeit der Heizungs-Installationsfirma in einem Neubau.

Aargauische Gerichts- und Verwaltungsentscheide 1972, S. 37

Die Arbeiten des Heizungsinstallateurs sind erst mit dem im Zusammenhang mit den Malerarbeiten erforderlichen Demontieren und Wiederanschliessen der Heizkörper vollendet.

BGE 106 II 22

Das Einhängen von Rolladen, obschon diese Arbeit lediglich zwei Stunden erforderte, ist als Vollendungsarbeit zu qualifizieren, handelt es sich doch um die Fertigstellung einer dem Hause dienenden Arbeit.

Aus einem unveröffentlichten Rekursentscheid des Obergerichtes des Kantons Zürich; II. Zivilkammer vom 1.11.1973

Solche Arbeiten sind *Vollendungsarbeiten,* die nach *Werkvertrag* und *Baubeschrieb* ausgeführt werden, nicht auch Extraarbeiten, die nicht als eine Erweiterung des Werkvertrages betrachtet werden können.

Luzerner Gerichts- und Verwaltungsentscheide 1976, Maximen, Nr. 290, S. 361

Nur völlig nebensächliche Arbeiten sind keine *Vollendungsarbeiten* im Sinne von Art. 839 Abs. 2 ZGB. Nicht jede kleine Arbeit ist dabei getrennt zu betrachten (Bretterweg, Hohlkehle, Lichtschächte, Plattenlieferungen, Zuputzarbeiten).

ZR 81, Nr. 37

Nach Art. 839 Abs. 1 und Art. 841 Abs. 3 ZGB in Verbindung mit Art. 961 ZGB kann das Pfandrecht bei Baubeginn *vorläufig* vorgemerkt werden mit dem Erfolg, dass es spätern ordentlichen Pfandgläubigern im Rang vorgeht.

In der umstrittenen Frage, ob das Bauhandwerkerpfand *nach* dem über den Grundeigentümer verhängten *Konkurs* gegenüber der Konkursmasse geltend gemacht werden könne, vertritt das *Bundesgericht* den Standpunkt, dies sei nicht möglich (BGE 81 II 279 ff.), welcher Meinung das *Obergericht des Kantons Zürich* unter Anführung zahlreicher Autoren und Präjudizien beipflichtet, wobei es dem Bauhandwerker, der sich sichern will, empfiehlt, darnach zu trachten, dass er mit der Errichtung des Bauhandwerkerpfandrechtes der Konkurseröffnung zuvorkommt (SJZ 52, S. 192 bis 194). Ein vor der Konkurseröffnung durch vorläufige Eintragung vorgemerktes Bauhandwerkerpfandrecht kann nach diesem Zeitpunkt noch endgültig eingetragen werden (SJZ 53, S. 56/57).

3. Der Eintrag des Pfandrechtes

Bei vom Eigentümer anerkannten oder gerichtlich festgestellten Forderungen erfolgt der Eintrag im Grundbuch auf schriftliches Gesuch hin (Grundbuchverordnung Art. 22 und Art. 839 ZGB).

Für den Fall, dass keine Anerkennung der Forderung durch den Eigentümer vorliegt und der Ansprecher auf Feststellung der Forderung klagen will, sieht das Gesetz eine *vorläufige Eintragung* des Pfandrechtes vor, die durch den Richter auf Gesuch hin angeordnet wird (Art. 961 ZGB, Grundbuchverordnung Art. 22, BGE 79 II 439).

Das *Klagebegehren* ist beim *Gericht am Ort der gelegenen Sache* anzubringen, also nicht etwa am Wohnsitz des Grundeigentümers. Der gleiche Gerichtsstand gilt für die *Klage auf Feststellung der Werklohnforderung bzw. der Schuld- und Zahlungspflicht des Eigentümers* (BGE 41 I 291 ff., SJZ 12, S. 150, RAMSEYER, S. 67/68). Damit die Dreimonatsfrist gewährleistet ist, genügt es keineswegs, dass die Klage innerhalb dieser Frist anhängig gemacht wurde. *Die Frist ist vielmehr nur gewahrt, wenn der definitive oder provisorische Pfandrechtseintrag innerhalb dreier Monate, gerechnet ab Vollendung der Arbeit, beim zuständigen Grundbuchamt verlangt wurde* (ZR 45, Nr. 206).

Die dreimonatige Frist ist eine *Verwirkungsfrist*. Durch die Einleitung eines Prozesses wird sie weder unterbrochen noch gehemmt. Der

Grundbuchbeamte kann, wenn er den Ablauf der Frist feststellt, die Eintragung selbst dann verweigern, wenn sie vom Richter bewilligt worden war (BGE 53 II 218, 40 II 197).

Die Fristberechnung erfolgt im übrigen nach den massgebenden Bestimmungen des (Art. 77 und 78 OR).

Die Eintragung ist *gegenüber jedem Eigentümer,* auch wenn er das Grundstück *erst nach Bauvollendung erworben* hat und von bestehenden Pfandrechtsansprüchen nichts weiss, zulässig (ZR 12, Nr. 5, ZR 13, Nr. 189, ZR 18, Nr. 24). *Wer einen Neubau erwirbt, muss sich deshalb im klaren sein, dass während eines Zeitraums von drei Monaten nach Vollendung der Fertigstellungsarbeiten Eintragungen von Handwerkerpfandrechten möglich sind.* Um sich gegen unliebsame Überraschungen in dieser Hinsicht zu schützen, wird der Käufer guttun, sich vom Verkäufer im Kaufvertrag verbindlich bestätigen zu lassen, dass sämtliche am Bau beteiligten Handwerker für ihre Forderungen voll befriedigt wurden oder, noch besser, er wird schriftliche Bestätigungen aller in Frage kommenden Handwerker verlangen, aus denen hervorgeht, dass keine Bauforderungen mehr bestehen.

Durch Leistung von Sicherheiten kann der Eigentümer die drohende Eintragung verhindern. Da der gesetzgeberische Zweck des Bauhandwerkerpfandes nicht in der Errichtung des Grundpfandrechtes an sich, sondern in der Sicherstellung des Handwerkers für seine Forderung besteht, muss es ohne Bedeutung sein, in welcher Form die Sicherung erfolgt. Sie kann auch später, nach erfolgtem Pfandrechtseintrag, erbracht werden, und der Eigentümer ist befugt, nach geschehener Sicherstellung die Löschung des Pfandrechts zu verlangen (ZR 26, Nr. 86, und 13, Nr. 51).

Bauhandwerkerpfandrecht – Hinreichende Sicherheitsleistung – Art. 839 III ZGB. Eine Sicherheit ist nur dann hinreichend, wenn sie dem Unternehmer als Pfandgläubiger dieselbe Gewähr für die Tilgung der angemeldeten Bauhandwerkerforderung verschafft wie ein eingetragenes Bauhandwerkerpfandrecht, das durch die Sicherheit abgelöst werden soll. Wird die Sicherheit durch eine Bankbürgschaft geleistet, so hat diese unwiderruflich und unbefristet zu sein, denn auch das Baupfandrecht ist unwiderruflich und unbefristet. Ungenügend ist eine einfache Bankbürgschaft, welche zeitlich befristet ist. Da der einfache Bürge erst nach durchgeführtem Hauptprozess betreffend definitive Pfandbestellung und erst nach anschliessender erfolgloser Zwangsvollstreckung gegen den Hauptschuldner beansprucht werden kann (Art. 495 OR), wäre die Bürgschaft schon lange vorher verfallen.

ZR 1983, Nr. 9, S. 21 f.

4. Das Rangverhältnis

Im Verhältnis unter sich sind die eingetragenen Bauhandwerkerforderungen einander gleichgestellt. Ohne Belang ist deshalb, wann und in welcher Reihenfolge die einzelnen Eintragungen geschahen (Art. 840 ZGB). Diese Ordnung entspricht einem Gebot der Billigkeit; denn jene Handwerker, deren Arbeit naturgemäss am Bau zuletzt beendet ist (Gärtner, Maler), sollen gegenüber früher beim Bau tätigen Unternehmern (Maurer, Zimmermann) nicht benachteiligt werden.

5. Die Wirkung des Eintrages

Der Eintrag hat zur Folge, dass die für ihre Forderungen nicht anderweitig befriedigten Handwerker nach dem Range des Pfandrechtes am Verwertungserfolg partizipieren, während die nicht eingetragenen Handwerker sich mit der Einreihung ihrer Forderungen in der 5. Klasse (Art. 219 SchKG) begnügen müssen. Darüber hinaus haben die eingetragenen Handwerker das Recht, von den ihnen vorgehenden Pfandgläubigern Ersatz zu verlangen, soweit der Erlös auf das Bauwerk entfällt und sofern der oder die vorgehenden Pfandgläubiger wussten oder wissen mussten, dass die Bauhandwerker zu Verlust kommen würden (Art. 841 ZGB, betr. dessen Auslegung und Anwendung durch das Bundesgericht vgl. BGE 76 II 134 ff., 82 II 15 ff. und 86 II 145 ff.).

Die im Grundbuch eingetragenen Baugläubiger müssen, um zu ihrem Gelde zu kommen, auf dem Betreibungswege die Grundpfandverwertung verlangen oder sich, wenn ein anderer Gläubiger die in Frage stehende Liegenschaft für seine Forderung bereits pfänden liess, an dieser Betreibung beteiligen. Besteht die Gefahr, dass der Steigerungserlös nach Befriedigung allfällig vorgehender Hypothekargläubiger die privilegierten Handwerkerforderungen nicht zu decken vermag, wird sich unter Umständen ein Zusammenschluss der Handwerker zum Zwecke der gemeinsamen Ersteigerung und späteren vorteilhaften Veräusserung lohnen.

6. Bauhandwerkerforderungen und Baukredit

Das Zivilgesetzbuch enthält keinerlei Bestimmungen über den Baukredit, obschon die Finanzierung grösserer Bauten ohne die Mitwirkung der Banken heute kaum mehr denkbar ist. Baukredite werden je nach den Satzungen der Bank in der Höhe von 66⅔ bis 75% der Bausumme, wie sie durch den Kostenvoranschlag ausgewiesen ist, und unter angemessener Berücksichtigung des Wertes des Baulandes gewährt. Der Kreditnehmer hat den Nachweis der Restfinanzierung zu erbringen. Die kreditgebende Bank wird in der Regel, sofern der Kreditnehmer dies wünscht, auch einen Teil der Restfinanzierung übernehmen, wobei sie zusätzliche Sicherheiten verlangt, wie z.B. Hinterlage einer Lebensversicherung oder Bürgschaft einer oder mehrerer Personen.

Die *Sicherung des Baukredites* erfolgt entweder durch die Errichtung einer *Grundpfandverschreibung* oder die Ausstellung eines *Eigentümerschuldbriefes*, der als Faustpfand vom Kreditnehmer zu hinterlegen ist (ausführlich hierüber Ramseyer, S. 86/88; vgl. auch SJZ 57, S. 134).

Die Verfügung über den Baukredit geschieht durch Zahlungsanweisungen des Bauherrn, auf denen der Architekt durch seine Unterschrift bestätigt, dass die vorgesehenen Zahlungen effektiv geleistete Arbeiten betreffen. *Der Bank obliegt die Pflicht, anhand des Kostenvoranschlages laufend zu kontrollieren, ob die Zahlungen gleichmässig an alle am Bau beteiligten Handwerker erfolgen.* Verletzt sie diese Kontrollpflicht, indem sie z.B. einzelne Unternehmer andern vorzieht oder Auszahlungen an am Bau nicht beteiligte Dritte oder den Kreditnehmer selbst leistet, so wird sie, falls am Bau beteiligte Handwerker wegen späterer Zahlungsunfähigkeit des Bauherrn zu Verlust kommen, ersatzpflichtig (einlässlich hiezu O. Lehner in SJZ 57, S. 134, Ziff. 2, mit zahlreichen Zitaten).

Gegen eine saumselige oder Nicht-Bezahlung seiner ausgewiesenen Forderung kann sich der Unternehmer notfalls mit der – rechtzeitigen – Anmeldung und gerichtlichen Durchsetzung des Bauhandwerkerpfandrechtes zur Wehr setzen.

Die einschlägigen gesetzlichen Bestimmungen

des Schweizerischen Zivilgesetzbuches,
der Verordnung des Bundesrates betreffend das Grundbuch
und des Obligationenrechtes

ZGB

Art. 837

[1] Der Anspruch auf Errichtung eines gesetzlichen Grundpfandes besteht:

1. für die Forderung des Verkäufers an dem verkauften Grundstück,

2. für die Forderung der Miterben und Gemeinder aus Teilung an den Grundstücken, die der Gemeinschaft gehörten,

3. für die Forderungen der Handwerker oder Unternehmer, die zu Bauten oder andern Werken an einem Grundstück Material und Arbeit oder Arbeit allein geliefert haben, an diesem Grundstücke, sei es, dass sie den Grundeigentümer oder einen Unternehmer zum Schuldner haben.

[2] Auf diese gesetzlichen Grundpfandrechte kann der Berechtigte nicht zum voraus Verzicht leisten.

Art. 839

[1] Das Pfandrecht der Handwerker und Unternehmer kann von dem Zeitpunkte an, da sie sich zur Arbeitsleistung verpflichtet haben, in das Grundbuch eingetragen werden.

[2] Die Eintragung hat bis spätestens drei Monate nach der Vollendung ihrer Arbeit zu geschehen.

[3] Sie darf nur erfolgen, wenn die Forderung vom Eigentümer anerkannt oder gerichtlich festgestellt ist, und kann nicht verlangt werden, wenn der Eigentümer für die angemeldete Forderung hinreichende Sicherheit leistet.

Art. 840

Gelangen mehrere gesetzliche Pfandrechte der Handwerker und Unternehmer zur Eintragung, so haben sie, auch wenn sie von verschiedenem Datum sind, untereinander den gleichen Anspruch auf Befriedigung aus dem Pfande.

Art. 841

[1] Kommen die Forderungen der Handwerker und Unternehmer bei der Pfandverwertung zu Verlust, so ist der Ausfall aus dem den Wert des Bodens übersteigenden Verwertungsanteil der vorgehenden Pfandgläubiger zu ersetzen, sofern das Grundstück durch ihre Pfandrechte in einer für sie erkennbaren Weise zum Nachteil der Handwerker und Unternehmer belastet worden ist.

[2] Veräussert der vorgehende Pfandgläubiger seinen Pfandtitel, so hat er den Handwerkern und Unternehmern für dasjenige, was ihnen dadurch entzogen wird, Ersatz zu leisten.

[3] Sobald der Beginn des Werkes auf Anzeige eines Berechtigten im Grundbuch angemerkt ist, dürfen bis zum Ablauf der Eintragungsfrist Pfandrechte nur als Grundpfandverschreibungen eingetragen werden.

Verordnung des Bundesrates betreffend das Grundbuch

vom 22. Februar 1910

(In Ausführung der Art. 943, 945, 949, 953, 954, 956, 967, 977 und Art. 18 Schlusstitel des ZGB).

Art. 22

Der Ausweis für die Eintragung eines gesetzlichen Grundpfandrechtes wird durch die Urkunden geleistet, die zur Begründung der Forderungen, für die das Grundpfandrecht eingetragen werden soll, nötig sind.

Für die Eintragung eines Grundpfandrechtes zugunsten der Handwerker und Unternehmer ist erforderlich, dass die Forderung als Pfandsumme vom Eigentümer anerkannt oder gerichtlich festgestellt ist oder die Eintragung vom Eigentümer bewilligt wird.

Leistet der Eigentümer für die Forderung hinreichende Sicherheit, so ist die Eintragung zugunsten der Handwerker und Unternehmer abzuweisen.

Sind der Gläubiger und der Schuldner über die Pfandsumme oder die Sicherheit nicht einig, so kann gemäss ZGB Art. 961 Ziff. 1 eine vorläufige Eintragung stattfinden.

Art. 50

Die Eintragung der Pfandrechte für die Forderungen der *Handwerker* und *Unternehmer* (ZGB Art. 837 Ziffer 3) soll ausser den in Art. 40 aufgezählten Angaben noch die Bezeichnung «Baupfandrecht» in der Kolumne «Bemerkungen» enthalten.

Art. 76

Die Vormerkung einer vorläufigen Eintragung ist von Amtes wegen zu löschen, wenn die entsprechende definitive Eintragung vorgenommen wird oder wenn die vom Grundbuchverwalter oder vom Richter für deren Anmeldung festgesetzte Frist unbenützt abgelaufen ist.

Tritt an Stelle der vorläufigen die endgültige Eintragung, so ist diese mit dem Datum der gelöschten Vormerkung zu versehen.

Art. 81

Der Zeitpunkt des Beginnes eines *Werkes* (ZGB Art. 841 Absatz 3) wird auf schriftliches Begehren eines berechtigten Handwerkers oder Unternehmers, unter Anzeige an den Eigentümer, auf dem Grundbuchblatt oder in der Liegenschaftsbeschreibung des Baugrundstückes angemerkt.

OR

a) Aus dem Allgemeinen Teil

Art. I

[1] Zum Abschlusse eines Vertrages ist die übereinstimmende gegenseitige Willensäusserung der Parteien erforderlich.

[2] Sie kann eine ausdrückliche oder stillschweigende sein.

Art. 58

[1] Der Eigentümer eines Gebäudes oder eines andern Werkes hat den Schaden zu ersetzen, den diese infolge von fehlerhafter Anlage oder Herstellung oder von mangelhafter Unterhaltung verursachen.

[2] Vorbehalten bleibt ihm der Rückgriff auf andere, die ihm hiefür verantwortlich sind.

Art. 95

Handelt es sich um die Verpflichtung zu einer andern als einer Sachleistung, so kann der Schuldner beim Verzug des Gläubigers nach den Bestimmungen über den Verzug des Schuldners vom Vertrage zurücktreten.

Art. 97

[1] Kann die Erfüllung der Verbindlichkeit überhaupt nicht oder nicht gehörig bewirkt werden, so hat der Schuldner für den daraus entstehenden Schaden Ersatz zu leisten, sofern er nicht beweist, dass ihm keinerlei Verschulden zur Last falle.

[2] Die Art der Zwangsvollstreckung steht unter den Bestimmungen des Schuldbetreibungs- und Konkursrechtes und der eidgenössischen und kantonalen Vollstreckungsvorschriften.

Art. 99

[1] Der Schuldner haftet im allgemeinen für jedes Verschulden.

[2] Das Mass der Haftung richtet sich nach der besonderen Natur des Geschäftes und wird insbesondere milder beurteilt, wenn das Geschäft für den Schuldner keinerlei Vorteil bezweckt.

[3] Im übrigen finden die Bestimmungen über das Mass der Haftung bei unerlaubten Handlungen auf das vertragswidrige Verhalten entsprechende Anwendung.

Art. 101

[1] Wer die Erfüllung einer Schuldpflicht oder die Ausübung eines Rechtes aus einem Schuldverhältnis, wenn auch befugterweise, durch eine Hilfsperson wie Hausgenossen oder Arbeitnehmer vornehmen lässt, hat dem andern den Schaden zu ersetzen, den die Hilfsperson in Ausübung ihrer Verrichtungen verursacht.

[2] Diese Haftung kann durch eine zum voraus getroffene Verabredung beschränkt oder aufgehoben werden.

[3] Steht aber der Verzichtende im Dienst des andern oder folgt die Verantwortlichkeit aus dem Betriebe eines obrigkeitlich konzessionierten Gewerbes, so darf die Haftung höchstens für leichtes Verschulden wegbedungen werden.

Art. 102

[1] Ist eine Verbindlichkeit fällig, so wird der Schuldner durch Mahnung des Gläubigers in Verzug gesetzt.

[2] Wurde für die Erfüllung ein bestimmter Verfalltag verabredet oder ergibt sich ein solcher infolge einer vorbehaltenen und gehörig vorgenommenen Kündigung, so kommt der Schuldner schon mit Ablauf dieses Tages in Verzug.

Art. 107

[1] Wenn sich ein Schuldner bei zweiseitigen Verträgen im Verzuge befindet, so ist der Gläubiger berechtigt, ihm eine angemessene Frist zur nachträglichen Erfüllung anzusetzen oder durch die zuständige Behörde ansetzen zu lassen.

[2] Wird auch bis zum Ablaufe dieser Frist nicht erfüllt, so kann der Gläubiger immer noch auf Erfüllung nebst Schadenersatz wegen Verspätung klagen, statt dessen aber auch, wenn er es unverzüglich erklärt, auf die nachträgliche Leistung verzichten und entweder Ersatz des aus der Nichterfüllung entstandenen Schadens verlangen oder vom Vertrage zurücktreten.

Art. 108

Die Ansetzung einer Frist zur nachträglichen Erfüllung ist nicht erforderlich:

1. wenn aus dem Verhalten des Schuldners hervorgeht, dass sie als unnütz erweisen würde;

2. wenn infolge Verzuges des Schuldners die Leistung für den Gläubiger nutzlos geworden ist;

3. wenn sich aus dem Vertrage die Absicht der Parteien ergibt, dass die Leistung genau zu einer bestimmten oder bis zu einer bestimmten Zeit erfolgen soll.

Art. 109

[1] Wer vom Vertrage zurücktritt, kann die vesprochene Gegenleistung verweigern und das Geleistete zurückfordern.

[2] Überdies hat er Anspruch auf Ersatz des aus dem Dahinfallen des Vertrages erwachsenen Schadens, sofern der Schuldner nicht nachweist, dass ihm keinerlei Verschulden zur Last falle.

Art. 119

[1] Soweit durch Umstände, die der Schuldner nicht zu verantworten hat, seine Leistung unmöglich geworden ist, gilt die Forderung als erloschen.

[2] Bei zweiseitigen Verträgen haftet der hienach frei gewordene Schuldner für die bereits empfangene Gegenleistung aus ungerechtfertigter Bereicherung und verliert die noch nicht erfüllte Gegenforderung.

[3] Ausgenommen sind die Fälle, in denen die Gefahr nach Gesetzesvorschrift oder nach dem Inhalt des Vertrages vor der Erfüllung auf den Gläubiger übergeht.

Art. 127

Mit Ablauf von zehn Jahren verjähren alle Forderungen, für die das Bundeszivilrecht nicht etwas anderes bestimmt.

Art. 128

Mit Ablauf von fünf Jahren verjähren die Forderungen:
1. für Miet-, Pacht- und Kapitalzinse sowie für andere periodische Leistungen;
2. aus Lieferung von Lebensmitteln, für Beköstigung und für Wirtsschulden;
3. aus Handwerksarbeit, Kleinverkauf von Waren, ärztlicher Besorgung, Berufsarbeiten von Anwälten, Rechtsagenten, Prokuratoren und Notaren sowie aus dem Arbeitsverhältnis von Arbeitnehmern.

Art. 129

Die in diesem Titel aufgestellten Verjährungsfristen können durch Verfügung der Beteiligten nicht abgeändert werden.

Art. 130

[1] Die Verjährung beginnt mit der Fälligkeit der Forderung.

[2] Ist eine Forderung auf Kündigung gestellt, so beginnt die Verjährung mit dem Tag, auf den die Kündigung zulässig ist.

b) Bestimmungen über den Werkvertrag

Art. 363

Durch den Werkvertrag verpflichtet sich der Unternehmer zur Herstellung eines Werkes und der Besteller zur Leistung einer Vergütung.

Art. 364

[1] Der Unternehmer haftet im allgemeinen für die gleiche Sorgfalt wie der Arbeitnehmer im Arbeitsverhältnis.

[2] Er ist verpflichtet, das Werk persönlich auszuführen oder unter seiner persönlichen Leitung ausführen zu lassen, mit Ausnahme der Fälle, in denen es nach der Natur des Geschäftes auf persönliche Eigenschaften des Unternehmers nicht ankommt.

[3] Er hat in Ermangelung anderweitiger Verabredung oder Übung für die zur Ausführung des Werkes nötigen Hilfsmittel, Werkzeuge und Gerätschaften auf seine Kosten zu sorgen.

Art. 365

[1] Soweit der Unternehmer die Lieferung des Stoffes übernommen hat, haftet er dem Besteller für die Güte desselben und hat Gewähr zu leisten wie ein Verkäufer.

[2] Den vom Besteller gelieferten Stoff hat der Unternehmer mit aller Sorgfalt zu behandeln, über dessen Verwendung Rechenschaft abzulegen und einen allfälligen Rest dem Besteller zurückzugeben.

[3] Zeigen sich bei der Ausführung des Werkes Mängel an dem vom Besteller gelieferten Stoffe oder an dem angewiesenen Baugrunde oder ergeben sich sonst Verhältnisse, die eine gehörige oder rechtzeitige Ausführung des Werkes gefährden, so hat der Unternehmer dem Besteller ohne Verzug davon Anzeige zu machen, widrigenfalls die nachteiligen Folgen ihm selbst zur Last fallen.

Art. 366

[1] Beginnt der Unternehmer das Werk nicht rechtzeitig oder verzögert er die Ausführung in vertragswidriger Weise oder ist er damit ohne Schuld des Bestellers so sehr im Rückstande, dass die rechtzeitige Vollendung nicht mehr vorauszusehen ist, so kann der Besteller, ohne den Lieferungstermin abzuwarten, vom Vertrage zurücktreten.

[2] Lässt sich während der Ausführung des Werkes eine mangelhafte oder sonst vertragswidrige Erstellung durch Verschulden des Unternehmers bestimmt voraussehen, so kann ihm der Besteller eine angemessene Frist zur Abhilfe ansetzen oder ansetzen lassen, mit der Androhung, dass im Unterlassungsfalle die Verbesserung oder die Fortführung des Werkes auf Gefahr und Kosten des Unternehmers einem Dritten übertragen werde.

Art. 367

[1] Nach Ablieferung des Werkes hat der Besteller, sobald es nach dem üblichen Geschäftsgange tunlich ist, dessen Beschaffenheit zu prüfen und den Unternehmer von allfälligen Mängeln in Kenntnis zu setzen.

[2] Jeder Teil ist berechtigt, auf seine Kosten eine Prüfung des Werkes durch Sachverständige und die Beurkundung des Befundes zu verlangen.

Art. 368

[1] Leidet das Werk an so erheblichen Mängeln oder weicht es sonst so sehr vom Vertrage ab, dass es für den Besteller unbrauchbar ist oder dass ihm die Annahme billigerweise nicht zugemutet werden kann, so darf er diese verweigern und bei Verschulden des Unternehmers Schadenersatz fordern.

[2] Sind die Mängel oder die Abweichungen vom Vertrage minder erheblich, so kann der Besteller einen dem Minderwerte des Werkes entsprechenden Abzug am Lohne machen oder auch, sofern dieses dem Unternehmer nicht übermässige Kosten verursacht, die unentgeltliche Verbesserung des Werkes und bei Verschulden Schadenersatz verlangen.

[3] Bei Werken, die auf dem Grund und Boden des Bestellers errichtet sind und ihrer Natur nach nur mit unverhältnismässigen Nachteilen entfernt werden können, stehen dem Besteller nur die im zweiten Absatz dieses Artikels genannten Rechte zu.

Art. 369

Die dem Besteller bei Mangelhaftigkeit des Werkes gegebenen Rechte fallen dahin, wenn er durch Weisungen, die er entgegen den ausdrücklichen Abmahnungen des Unternehmers über die Ausführung erteilte, oder auf andere Weise die Mängel selbst verschuldet hat.

Art. 370

[1] Wird das abgelieferte Werk vom Besteller ausdrücklich oder stillschweigend genehmigt, so ist der Unternehmer von seiner Haftpflicht befreit, soweit es sich nicht um Mängel handelt, die bei der Abnahme und ordnungsmässigen Prüfung nicht erkennbar waren oder vom Unternehmer absichtlich verschwiegen wurden.

[2] Stillschweigende Genehmigung wird angenommen, wenn der Besteller die gesetzlich vorgesehene Prüfung und Anzeige unterlässt.

[3] Treten die Mängel erst später zutage, so muss die Anzeige sofort nach der Entdeckung erfolgen, widrigenfalls das Werk auch rücksichtlich dieser Mängel als genehmigt gilt.

Art. 371

[1] Die Ansprüche des Bestellers wegen Mängeln des Werkes verjähren gleich den entsprechenden Ansprüchen des Käufers.

[2] Der Anspruch des Bestellers eines unbeweglichen Bauwerkes wegen allfälliger Mängel des Werkes verjährt jedoch gegen den Unternehmer sowie gegen den Architekten oder Ingenieur, die zum Zwecke der Erstellung Dienste geleistet haben, mit Ablauf von fünf Jahren seit der Abnahme.

Art. 372

[1] Der Besteller hat die Vergütung bei der Ablieferung des Werkes zu zahlen.

[2] Ist das Werk in Teilen zu liefern und die Vergütung nach Teilen bestimmt, so hat Zahlung für jeden Teil bei dessen Ablieferung zu erfolgen.

Art. 373

[1] Wurde die Vergütung zum voraus genau bestimmt, so ist der Unternehmer verpflichtet, das Werk um diese Summe fertigzustellen, und darf keine Erhöhung fordern, selbst wenn er mehr Arbeit oder grössere Auslagen gehabt hat, als vorgesehen war.

[2] Falls jedoch ausserordentliche Umstände, die nicht vorausgesehen werden konnten oder die nach den von beiden Beteiligten angenommenen Voraussetzungen ausgeschlossen waren, die Fertigstellung hindern oder übermässig erschweren, so kann der Richter nach seinem Ermessen eine Erhöhung des Preises oder die Auflösung des Vertrages bewilligen.

[3] Der Besteller hat auch dann den vollen Preis zu bezahlen, wenn die Fertigstellung des Werkes weniger Arbeit verursacht, als vorgesehen war.

Art. 374

Ist der Preis zum voraus entweder gar nicht oder nur ungefähr bestimmt worden, so wird er nach Massgabe des Wertes der Arbeit und der Aufwendungen des Unternehmers festgesetzt.

Art. 375

[1] Wird ein mit dem Unternehmer verabredeter ungefährer Ansatz ohne Zutun des Bestellers unverhältnismässig überschritten, so hat dieser sowohl während als nach der Ausführung des Werkes das Recht, vom Vertrag zurückzutreten.

[2] Bei Bauten, die auf Grund und Boden des Bestellers errichtet werden, kann dieser eine angemessene Herabsetzung des Lohnes verlangen oder, wenn die Baute noch nicht vollendet ist, gegen billigen Ersatz der bereits ausgeführten Arbeiten dem Unternehmer die Fortführung entziehen und vom Vertrage zurücktreten.

Art. 376

[1] Geht das Werk vor seiner Übergabe durch Zufall zugrunde, so kann der Unternehmer weder Lohn für seine Arbeit noch Vergütung seiner Auslagen verlangen, ausser wenn der Besteller sich mit der Annahme im Verzug befindet.

[2] Der Verlust des zugrunde gegangenen Stoffes trifft in diesem Falle den Teil, der ihn geliefert hat.

[3] Ist das Werk wegen eines Mangels des vom Besteller gelieferten Stoffes oder des angewiesenen Baugrundes oder infolge der von ihm vorgeschriebenen Art der Ausführung zugrunde gegangen, so kann der Unternehmer, wenn er den Besteller auf diese Gefahren rechtzeitig aufmerksam gemacht hat, die Vergütung der bereits geleisteten Arbeit und der im Lohne nicht eingeschlossenen Auslagen und, falls den Besteller ein Verschulden trifft, überdies Schadenersatz verlangen.

Art. 377

Solange das Werk unvollendet ist, kann der Besteller gegen Vergütung der bereits geleisteten Arbeit und gegen volle Schadloshaltung des Unternehmers jederzeit vom Vertrag zurücktreten.

Art. 378

[1] Wird die Vollendung des Werkes durch einen beim Besteller eingetretenen Zufall unmöglich, so hat der Unternehmer Anspruch auf Vergütung der geleisteten Arbeit und der im Preise nicht inbegriffenen Auslagen.

[2] Hat der Besteller die Unmöglichkeit der Ausführung verschuldet, so kann der Unternehmer überdies Schadenersatz fordern.

Art. 379

[1] Stirbt der Unternehmer oder wird er ohne seine Schuld zur Vollendung des Werkes unfähig, so erlischt der Werkvertrag, wenn er mit Rücksicht auf die persönlichen Eigenschaften des Unternehmers eingegangen war.

[2] Der Besteller ist verpflichtet, den bereits ausgeführten Teil des Werkes, soweit dieser für ihn brauchbar ist, anzunehmen und zu bezahlen.

Der SHEV-Bauvertrag

Bauvertrag

© Schweizerischer Hauseigentümerverband, 1994

Bauherr (Name, Adresse)

Unternehmer (Name, Adresse)

Bauobjekt (Adresse, Lage)

Der Bauherr überträgt dem Unternehmer die Ausführung folgender Arbeiten

gestützt auf folgende Unterlagen (Offerte, Plan, Baubeschrieb etc.)

Ausführungsbeginn   Arbeitsabschluss

Pauschalpreis   Fr.   in Worten

Anzahlung   Fr.   fällig bis

Besondere Bestimmungen

Die Parteien erklären sich mit diesen Vereinbarungen und den Vertragsbedingungen auf der Rückseite einverstanden.

Ort   Unternehmer   Bauherr

Datum

Exemplar Bauherr

Wegleitung zum Formular Bauvertrag

3. Auflage des SHEV-Bauvertrages
1986 hat der Schweizerische Hauseigentümerverband (SHEV) erstmals das Vertragsformular «Bauvertrag» herausgegeben. Das Hauptverdienst an der Schaffung dieses bemerkenswert einfachen und doch vollständigen Vertragswerkes kommt unserem ehemaligen Mitglied des Zentralvorstandes, Rechtsanwalt Dr. Hans Reber, zu. Er hat auch die vorliegende 3. Auflage des bei Bauherren immer beliebteren SHEV-Bauvertrages überarbeitet. Aufgrund der Erfahrungen mit dem nun acht Jahre alten Bauvertrag konnten verschiedene Verbesserungen und Präzisierungen am Vertragsformular vorgenommen werden. Bei der Schaffung dieses Werkes kam Dr. Hans Reber seine langjährige Erfahrung als Baujurist zugute. Er ist auch Autor des «Rechtshandbuches für Bauunternehmer, Bauherr, Architekt und Bauingenieur», das bereits in 4. Auflage erschienen ist.

Allgemeine Hinweise
Das Vertragsformular «Bauvertrag» kann für alle Arten von Bauarbeiten bzw. handwerklichen Leistungen verwendet werden.

Das Formular ist dreigliedrig. Das erste Blatt ist für den Bauherrn, das dritte für den Unternehmer bestimmt. Das mittlere, gelbe Blatt kann beliebig verwendet werden, beispielsweise als Beleg für die Bankfinanzierung. Um gut lesbare Vertragsexemplare zu erhalten, ist es von Vorteil, das Formular mit der Schreibmaschine auszufüllen. Das handschriftliche Ausfüllen sollte mit Kugelschreiber und mit ausreichendem Druck erfolgen. Die Vertragsexemplare für den Bauherrn (1. Blatt) und für den Unternehmer (3. Blatt) sind einzeln zu unterzeichnen. Das Formular ist so beschaffen, dass die Unterschriften nicht kopiert werden.

Mit dem Abschluss eines auf die besonderen Umstände des Bauvorhabens zugeschnittenen schriftlichen Vertrages sollen Unklarheiten beseitigt und spätere Streitigkeiten vermieden werden. Zur Anpassung an den Einzelfall können entsprechende Bestimmungen des Formulars abgeändert, gestrichen oder ergänzt werden. Das Vertragsformular dient der Festlegung des Rechtsverhältnisses zwischen Bauherr und Unternehmer, enthält aber keine detaillierte Umschreibung der vom Unternehmer auszuführenden Arbeiten. Das Formular kann deshalb erst ausgefüllt werden, nachdem sich die Parteien über alle Einzelheiten des geplanten Bauvorhabens geeinigt haben.

Zu den einzelnen Bestimmungen

Der Bauherr überträgt mit Vorteil sämtliche für die Ausführung des Bauvorhabens erforderlichen Arbeiten und Leistungen einem einzigen Unternehmer, auch wenn dieser nicht alle Arbeiten selber ausführen kann. Der Beizug von weiteren Handwerkern oder Fachleuten (sog. Subunternehmern) sollte bereits bei Vertragsabschluss mit dem Unternehmer besprochen und schriftlich festgehalten werden. Der vertragsunterzeichnende Unternehmer verpflichtet die Subunternehmer im eigenen Namen und übernimmt die Bauleitung, d.h., er koordiniert und überwacht die einzelnen Leistungen, bezahlt die Subunternehmer und haftet für deren Handlungen wie für seine eigenen.

Ergänzende Unterlagen

Da das Formular keinen Leistungsbeschrieb enthält, sind alle baubezogenen Unterlagen wie Offerten, Baupläne etc. als integrierende Bestandteile der getroffenen Abmachungen dem Bauvertrag nebst einem Aktenverzeichnis beizuheften. Die erwähnten Unterlagen müssen die Arbeitsleistungen des Unternehmers klar und erschöpfend umschreiben und, wo nötig, über die Qualität der zu verwendenden Materialien sowie über die spezifischen Merkmale und Eigenschaften der einzelnen Bauleistungen Auskunft geben. Seitens des Bestellers sind vorgenannte Unterlagen daraufhin zu kontrollieren, ob darin keine Bestimmungen enthalten sind, die mit dem Text des Bauvertrages in Widerspruch stehen.

Terminierung der unternehmerischen Leistungen, Konventionalstrafe

Im Interesse einer speditiven Abwicklung des Bauvorhabens sollen Ausführungsbeginn und Arbeitsende bereits bei Vertragsabschluss festgelegt werden. Bei grösseren oder länger dauernden Bauvorhaben werden mit Vorteil Zwischentermine vereinbart. Ist der Abschlusstermin von besonderer Bedeutung oder besteht die Gefahr einer schleppenden Erledigung der Arbeiten, kann sich der Bauherr durch Vereinbarung einer Konventionalstrafe absichern. Formulierungsvorschlag: «Bei Überschreitung der vereinbarten Termine bezahlt der Unternehmer eine Konventionalstrafe von 1% des Pauschalpreises je Woche der Terminüberschreitung.»

Pauschalpreis

Mit der Vereinbarung eines Pauschalpreises weiss der Bauherr bereits vor Baubeginn, mit welchem finanziellen Aufwand er rechnen muss. Vor unliebsamen Überraschungen wird er bewahrt. Wird der ursprüngliche Bauauftrag im Laufe der Ausführung erweitert, was gelegentlich vorkommt, so haben sich die Parteien über die Mehrkosten zu einigen. Anschliessend ist der Abschluss einer Zusatzvereinbarung empfehlenswert (siehe hiezu Bauvertrag Ziffer 1.2). Allfällig geleistete Zahlungen des Bauherrn im Zusammenhang mit der Ablösung von

Bauhandwerkerpfandrechten können bei der Schlussabrechnung in Abzug gebracht werden. Der Bauherr ist berechtigt, 10% des Pauschalpreises als Sicherheit für allfällige Garantiearbeiten bis zum Ablauf der Garantiedauer von zwei Jahren zurückzubehalten.

Anzahlungen, Abschlagzahlungen

Grundsätzlich schuldet der Bauherr den Werklohn dem Unternehmer, nachdem ihm das bestellte Werk in vertragskonformer Ausführung übergeben worden ist. Bei aufwendigen Bauvorhaben, für deren Ausführung längere Zeit benötigt wird, mögen eine Anzahlung bei Vertragsunterzeichnung bzw. Zwischenzahlungen ihre Berechtigung haben. Bestehen indessen berechtigte Zweifel an der Kreditwürdigkeit des Unternehmers, tut der Bauherr gut daran, sich Zug um Zug für derart geleistete Vorschüsse Sicherheiten geben zu lassen, beispielsweise durch eine Bank- oder Versicherungsgarantie.

Hat der Unternehmer einen Teil der übernommenen Arbeiten an Subunternehmer weitergegeben, wird von der Leistung von Vorauszahlungen abgeraten. Es besteht die Gefahr von Doppelzahlungen aufgrund von durch die Subunternehmer angemeldeten Bauhandwerkerpfandrechten.

Mängelrügerechte, Garantie, Verjährungsfristen

Die gesetzliche Regelung der Mängelrügerechte des Bauherrn (Art. 370ff. OR) mutet dem Bauherrn rechtliches und sachliches Wissen zu, über das er in den wenigsten Fällen verfügt. Die einschlägigen Bestimmungen des SHEV-Bauvertrages (Ziffer 5.2 und 5.3) bieten dem Bauherrn im Falle der Schlechtlieferung des bestellten Werkes einen wesentlich besseren Schutz. In Übereinstimmung mit Art. 173 der SIA Norm 118 (1977) und in Abweichung von Art. 367 und 370 OR kann der Bauherr während der zweijährigen Garantiefrist Mängel jederzeit rügen (hiezu Ziffern 5.2–5.4 des Bauvertrags). Für sogenannte verdeckte Mängel endet die Rügefrist fünf Jahre nach Übergabe des vollendeten Bauwerkes.

Fassadenverputze, Wasserleitungen oder Strassenbeläge überdauerten früher oft Generationen. Viele Neuentwicklungen aber versagen ihren Dienst vorzeitig. Ist die Fünfjahresfrist im Zeitpunkt der Entdeckung des Mangels verstrichen, so hat der Bauherr vollumfänglich für die Instandstellungskosten aufzukommen. Dies ist besonders ärgerlich, wenn Baumängel – was gerade bei den vorgenannten Bauteilen erfahrungsgemäss häufig vorkommt – wenige Monate nach Garantieablauf sichtbar werden. Gegen solches Ungemach kann sich der Bauherr schützen, indem er vom Unternehmer eine angemessene Verlängerung der Werkgarantie fordert unter entsprechender Abänderung von Ziff. 5.5 des SHEV-Vertrages. Zu einem solchen Vorgehen ist vor allem in jenen Fällen zu raten, in welchen der von ihm gewählte Unternehmer sein vorteilhaftes Angebot mit der Verarbeitung von neu auf den Markt gekommenen, preisgünstigen Materialien oder mit seinen rationellen und damit kostensparenden Arbeitsmethoden begründet. Festzuhalten ist in diesem Zusammenhang, dass Unternehmer, welche nicht zu Tiefstpreisen, sondern zu branchenüblichen Ansätzen offerieren, in der Regel beim geschilderten Sachverhalt bereit sind, einen Teil des den Unternehmer belastenden Schadens aus Kulanzgründen zu übernehmen.

Neue Wege beschreitet seit einigen Jahren das Installationsgewerbe. Sein Dachverband schliesst sogenannte Gewährleistungsverträge mit namhaften Zulieferfirmen ab. Die Namen der Firmen und der wesentliche Inhalt der getroffenen Abmachungen werden jeweils in der «Schweizerischen Spenglermeister- und Installateur-Zeitung» veröffentlicht. Derartige Übereinkünfte erleichtern dem betroffenen Handwerker die Erledigung von Haftpflichtansprüchen und kommen damit auch dem Bauherrn zugute.

Besondere Bestimmungen

Im freien Raum unten auf dem Bauvertragsformular sind ausser Abänderungen des gedruckten Vertragstextes auch alle von den Parteien für notwendig befundenen Vertragserweiterungen aufzuführen. Mögliche Anwendungsfälle: Vereinbarungen betreffend An- und Abschlagszahlungen, Konventionalstrafe als Folge nicht termingerechter Vertragserfüllung, Beizug vom Bauherrn gewünschter Subunternehmer, Leistung von Bank- oder Versicherungsgarantien durch den Unternehmer anstelle einer Bargarantie, vom Vertragstext abweichende Fristen bezüglich Rügerechten des Bauherrn.

Literaturhinweise

Blaich, Jürgen: Bauschäden (erkennen – vermeiden – beheben),
    EMPA Dübendorf/SHEV Zürich, 2. Auflage, 1993
Gauch, Peter: Der Werkvertrag, 3. Auflage, Zürich 1985
Reber, Hans J.: Rechtshandbuch für Bauunternehmer, Bauherr,
    Architekt und Bauingenieur, 4. Auflage, Dietikon 1983
Schumacher, Rainer: Das Bauhandwerkerpfandrecht, 2. Auflage, Zürich 1982